LES

SABLET

PEINTRES, GRAVEURS & DESSINATEURS

FRANÇOIS, LE ROMAIN

ET

JACQUES, le Jeune, LE PEINTRE DU SOLEIL

SUISSE — ITALIE — FRANCE

NOTICES BIOGRAPHIQUES
D'APRÈS DES DOCUMENTS ORIGINAUX INÉDITS

ET

ESSAI D'UN CATALOGUE DE L'ŒUVRE DE CES ARTISTES

PAR

LE MARQUIS DE GRANGES DE SURGÈRES
Correspondant de la Société des Antiquaires de France

PARIS
RAPILLY, QUAI DES GRANDS-AUGUSTINS, 24
MDCCCLXXXVIII

PRINCIPALES PUBLICATIONS

DU MÊME AUTEUR

Œuvres de la Rochefoucauld. [illegible] Nantes, 1881 [illegible]

Les Portraits du duc de la Rochefoucauld. [illegible] des Maximes, Notice et Catalogue, avec deux portraits inédits gravés par A. Lalauze. [illegible] 10 fr.

Strophes sur la Noël. [illegible] Nantes, 1882 [illegible]

Les dessins de M. Bourgerel [illegible] Exposition [illegible] Nantes, 1882 [illegible]

Traductions en langues étrangères des Réflexions ou Sentences et Maximes morales de la Rochefoucauld [illegible] Paris, 1883 [illegible]

L'édition des Maximes de 1664 a-t-elle été publiée par les soins de la Rochefoucauld ? [illegible] Paris, 1883 [illegible]

Les traductions françaises du Guzman d'Alfarache. Étude [illegible]

Les Portraits de Charette dessinés et gravés. [illegible] reproduit pour la première fois d'après le moulage fait [illegible] de son exécution. Paris, 1883 [illegible]

Fondations pieuses à Nantes [illegible] Sainte-Croix — Les [illegible] — La chapelle de la Miséricorde. — [illegible] lettres [illegible], [illegible] Nantes, 1883 [illegible]

Les Françaises du XVIII siècle. Portraits gravés. Avec une Préface [illegible] Roger Portalis et la collaboration de

LES
SABLET

Extrait de la REVUE HISTORIQUE DE L'OUEST

LES
SABLET

PEINTRES, GRAVEURS & DESSINATEURS

FRANÇOIS, *LE ROMAIN*

ET

JACQUES, *(le Jeune)*, *LE PEINTRE DU SOLEIL*

SUISSE — ITALIE — FRANCE

NOTICES BIOGRAPHIQUES

D'APRÈS DES DOCUMENTS ORIGINAUX INÉDITS

AVEC

ESSAI D'UN CATALOGUE DE L'ŒUVRE DE CES ARTISTES

PAR

LE MARQUIS DE GRANGES DE SURGÈRES

Correspondant de la Société des Antiquaires de France.

PARIS

RAPILLY, QUAI DES GRANDS-AUGUSTINS, 31

MDCCCLXXXVIII

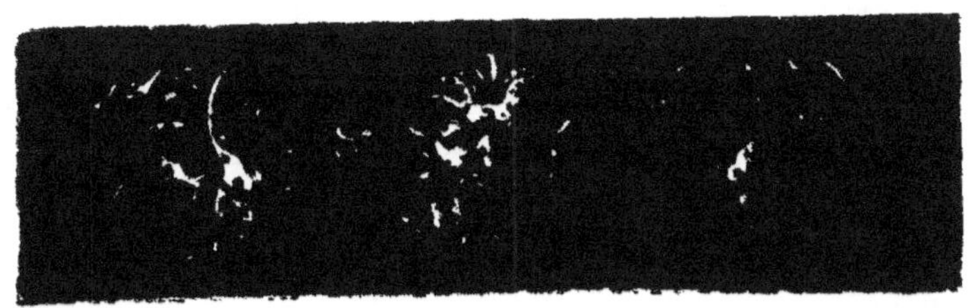

LES SABLET

A CÔTÉ. — ou plus exactement — au-dessous des maîtres qui ont fixé les règles de l'art dans ces œuvres immortelles qu'on ne saurait étudier et admirer assez, il est toute une légion d'artistes qui, pour n'avoir aucun droit à notre admiration, n'en ont pas moins conquis des titres sérieux à notre estime. A défaut de génie, apanage exclusif d'un petit nombre de privilégiés, un talent personnel, une allure spirituelle et primesautière, une science approfondie de leur art, suffisent à préserver leurs noms de l'oubli, en les recommandant auprès des amateurs.

Au nombre de ces derniers, nous distinguons deux artistes, qui florissaient à une époque relativement récente et qui, bien que figurant dans certains grands lexiques consacrés aux beaux-arts, risqueraient de ne point demeurer au rang auquel ils ont droit, si l'on ne fixait avec précision quoi-

1

qu'avec rapidité, pendant qu'il en est temps encore, les faits principaux de leur existence et si l'on ne tentait, afin de les présenter en un seul faisceau compact, de réunir les élémens constitutifs de leur œuvre.

Nous voulons parler des deux frères François et Jacques Sablet, Suisses d'origine, mais n'en appartenant pas moins à notre grande école française, qui cultivèrent, non sans quelque succès, la peinture et la gravure en Suisse, en Italie et en France et qui surent se créer, par un travail incessant non moins que par d'heureuses dispositions naturelles, une réputation de bon aloi que plus d'un artiste pourrait légitimement envier à notre époque.

Et d'abord, avant de résumer ce que nous savons sur ces deux artistes au point de vue biographique et artistique[1],

[1] Nous poursuivions depuis quelque temps des recherches sur ces artistes, dont nous avions pu apprécier le talent, lorsque le hasard nous fit découvrir dans les archives de la Société archéologique de Nantes, tout un dossier de dessins, de gravures et d'actes authentiques les concernant. Mais, ce qui doublait le prix de cette découverte, c'est qu'à ce dossier étaient jointes des notes recueillies avec beaucoup de soin par feu M. Armand Guéraud, le directeur de l'excellente *Revue des Provinces de l'Ouest* que tous nos lecteurs connaissent.

Beaucoup de ces notes ne faisaient, à la vérité, que confirmer ce que nous savions déjà et partant n'ajoutaient aucun élément nouveau à notre travail; d'autres, au contraire, surtout celles qui concernaient l'origine de la famille Sablet et la biographie proprement dite de nos deux artistes, nous apportaient de précieuses données, que vainement nous eussions cherchées ailleurs.

M. Armand Guéraud avait eu, en effet, cette bonne fortune, à laquelle il nous était interdit de prétendre désormais, de pouvoir interroger l'une des sœurs des Sablet, Mme Régamey, décédée aujourd'hui, venue à Nantes, en 1852, pour régler la succession de son beau-frère, M. Delavaugyon, notaire à Vieillevigne (Loire-Inférieure).

Il avait pu recueillir de la bouche même de cette dame bien des renseignements qu'il avait aussitôt consignés en note, réunissant ainsi à pied d'œuvre les matériaux d'une notice biographique et ce sont ces matériaux dont il nous est donné d'enrichir aujourd'hui notre travail.

C'était pour nous un devoir de proclamer hautement ce dont nous étions redevable à M. Guéraud; ce devoir nous l'accomplissons sans peine et même avec plaisir: *cuique suum.*

quelques mots nous semblent nécessaires sur leur origine
et sur leurs parents.

Au reste, ce chapitre préliminaire, que nous renfermerons avec soin dans les limites restreintes dont il ne doit pas
sortir, aura ce double avantage de montrer dans quel milieu
spécial s'écoula l'enfance des frères Sablet et de s'opposer
surtout à ce qu'ils soient désormais confondus avec leur
père, ou même l'un avec l'autre, ainsi que l'ont fait couramment jusqu'ici les auteurs qui ont parlé de leurs œuvres.

Jacques[1] Sablet, le père, était issu d'une ancienne famille
bourgeoise de Morges (Suisse); il naquit dans cette ville, le
4 avril 1720[2].

Marié trois fois, il eut de Suzanne Dupuis, sa première
femme, onze enfans, parmi lesquels furent François et
Jacques, qui font l'objet de cette notice; il n'en eut point
de sa seconde femme, nommée Maschei; mais de la troisième,
Honorée-Anne-Elisabeth Maschei, nièce de la précédente,
connue sous le nom de *Lisette*, il eut encore deux filles, bien
qu'il fut déjà septuagénaire. Ces dernières furent Jeanne-
Louise-Henriette-Elisabeth, qui épousa M. Delavauguyon,
notaire à Vieillevigne (Loire-Inférieure) et Caroline-Elisabeth-

[1] Le véritable prénom du père des Sablet était *Jacob*, ainsi qu'on le voit par
son acte de naissance, que nous reproduisons ci-dessous. Il en était de même
de son fils, *le peintre du soleil*, mais ils furent toujours connus l'un et
l'autre sous le prénom de *Jacques* ou *Jacquet*. Ce fait a occasionné de nombreuses erreurs chez les auteurs qui ont dû parler de nos artistes; on a
confondu le père avec le fils, et même, comme l'a fait Nagler, dans son
Agemeiner Kunstler Lexicon, on a confondu ensemble le père et ses deux
fils Jean-François et Jacques, attribuant à l'un les œuvres des autres et réciproquement! Nous espérons qu'après la publication de ce travail, pareilles
erreurs ne seront plus possibles.

[2] Voici son acte de naissance : « Jacob fils de maître Jean-François Sablet
et de Marie Gröber, né le 4 avril 1720. Parrain : Jacob de Villard, de Romanel; marraine : Magdeleine Grubre (sic), de Berthoud.» (Registre de naissances
de la paroisse de Morges (Suisse) N° IV, fol. 91, n° 21, an 1720.

Angélique, qui devint Madame Régamey et se fixa à Lausanne.

Sa vie ne fut pas très mouvementée et les détails de son existence laborieuse tiendraient facilement en quelques lignes. D'abord peintre en bâtimens, il fut obligé de demander à son labeur de chaque jour les moyens d'élever sa nombreuse famille. Puis, le goût des arts s'étant emparé de lui et sa profession lui en facilitant d'ailleurs les moyens, il se prit à étudier la peinture et finit, à force de persévérance, par y acquérir un certain talent.

Encouragé par quelques succès obtenus dans son entourage, son amour pour les tableaux, partagé d'ailleurs par sa femme *Lizette*, qui avait été élevée à Berne avec beaucoup de soins, finit bientôt par dégénérer en véritable passion.

Enfin, il s'établit marchand de tableaux et d'objets d'art et dépensa en achat plus de trente mille francs de Suisse. Pour augmenter son commerce et pour acquérir une nouvelle toile, il n'eût reculé devant aucun sacrifice. Un jour, *Lizette* ne pouvant retrouver sa montre d'or et la croyant perdue, fit part à son mari de la peine qu'elle en éprouvait. « Femme, dit-il, votre montre n'allait pas bien, je l'ai donnée à l'horloger. » Cependant, au bout de quelques jours, la montre reparaît, mais en même temps disparaissent deux grandes médailles d'or accordées en prix à son fils Jacques. *Lizette* presse son mari de s'expliquer et finit par lui faire avouer que, pour rentrer en possession de la montre qu'il avait échangée contre un vieux tableau, il avait dû donner les médailles d'or. « Mais, ajoutait-il, vous avez un tableau qui vaut cent fois votre or ! »

C'est au milieu de ces préoccupations, qui paraîtront assurément plus mercantiles qu'artistiques, que la mort vint frapper le vieux Sablet : il mourut à Lausanne, le 29 avril

1798, à l'âge de 79 ans, ayant eu au moins ce bonheur d'être le témoin des succès de ses deux fils.

Sa femme lui survécut plusieurs années, continuant le commerce des tableaux, tout en peignant et en dessinant elle-même.

Après sa mort, toutes ses collections furent dispersées à vil prix et sa fille cadette s'empressa de rejoindre à Paris ses deux frères François et Jacques, qui, ainsi que nous le verrons, y étaient établis depuis longtemps.

Bien que ce dernier méritât la place d'honneur dans cette étude, nous avons cru devoir suivre l'ordre de primogéniture et parler d'abord de François Sablet.

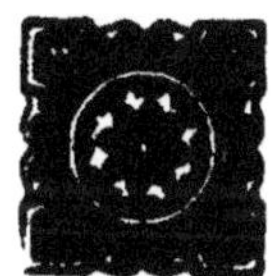

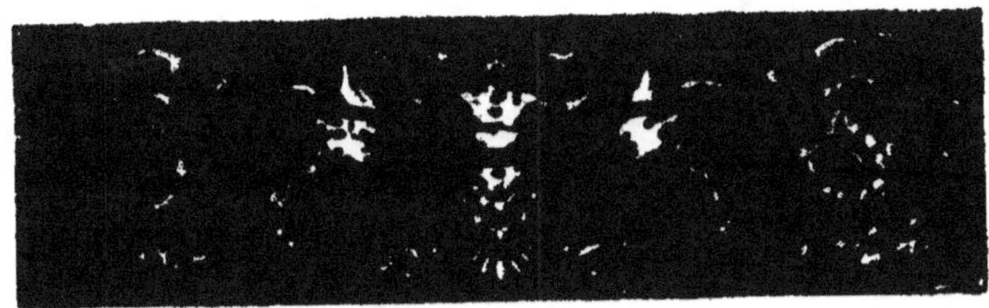

I

FRANÇOIS SABLET

JEAN-FRANÇOIS[1] SABLET — dit *le Romain*, — naquit à Morges (Suisse) le 23 novembre 1745[2]. Son père, dont nous venons de dire les goûts artistiques, n'eut qu'une préoccupation, donner à son fils cette éducation première qui lui avait toujours manqué; en faire, en un mot, un artiste, un peintre de mérite. Dans ce but, il commença par lui faire donner des le⸱⸱⸱ dans la ville de Berne, où il habitait alors.

Le jeune Sablet ne trompa point les espérances de son père : sincèrement épris de cette riche nature qui l'entourait, il ne tarda pas à comprendre que c'était à elle surtout qu'il devait demander ses premières inspirations, ses plus sûrs principes et il se prit à l'étudier avec passion. Où chercher, en effet, des sites plus pittoresques et plus poétiques que ceux de ce gai pays de Vaud ? Où trouver, pour une jeune et vive imagination, de plus grandes inspiratrices que ces rieuses

[1] Il ne porte jamais que le nom de *François*.

[2] Voici son acte de naissance : « Jean-François, fils de Jacob Sablet, de Morges, et de Suzanne Dupuis, sa femme, présenté par M. le secrét. Jean Marcel et M. François-Louis de Veange et leurs dames, savoir : M° Marcelie Warnery et M° Hélène Warnery, à Morges, le 7 décembre, est né le 23 novembre 1745. » (Reg. n° V. fo 58, n° 62. an 1745.)

montagnes suisses ? et où aller pour rencontrer des paysages plus frais, plus gaiement ensoleillés ?..... Bientôt, il réussit à brosser une toile avec tant d'ingéniosité, il fit preuve d'une telle facilité, qu'il obtint enfin ce qu'il ambitionnait depuis longtemps, de partir pour la France et l'Italie, afin de se perfectionner, en étudiant les chefs-d'œuvre qui étaient conservés dans ces pays, tout en profitant des leçons des maîtres qui y florissaient alors.

Dès l'année 1767, il prit un passeport et, le 8 juin de cette même année, il se faisait délivrer une attestation de bonne vie et mœurs par les autorités de la ville de Berne, qui priaient celles des endroits par où il passerait de lui prêter aide et protection[1].

Muni de ces pièces indispensables, il partit d'abord pour la France, et se rendit bientôt à Paris, où, grâce à de puissantes recommandations, il réussit à se faire admettre dans l'atelier de Vien.

Cet artiste, le restaurateur de la peinture moderne en

[1] Voici la teneur de ce certificat conservé dans les archives de la Société archéologique de Nantes : Nous le Banneret et Conseil de la Ville de Morges, sous l'obéissance de leurs Excellences Nos souverains seigneurs de la ville et République de Berne, étant assemblés ce jourd'hui 8ème juin 1767 avons été requis par le sieur François Sablet de luy faire expédier acte de sa naissance et de ses mœurs ; lequel luy est necessaire dans le dessein qu'il est de voyager en France et en Italie pour s'y perfectionner dans l'art de la peinture, ce que luy ayant accordé, Nous certifions que ledit sieur François Sablet est fils légitime, né en loyal mariage du sieur Jacob Sablet et d'honorée Suzanne Dupuis, ses père et mère, bourgeois de cette ville, gens de bonnes mœurs et reputation. Nous attestons de plus que ledit requerant, pendant qu'il a séjourné en cette ville, y a toujours eu une bonne conduitte et propre à luy attirer l'estime et l'amitié des honnêtes gens, n'ayant jamais rien fait qui y fut contraire, du moins qui soit venu à notre connoissance ; c'est pourquoy nous le recommandons à la protection Divine et à tous Seigneurs et magistrats du secours desquels il pourroit avoir besoin, les requerant que libre passage luy soit accordé et qu'il luy soit permis de séjourner dans les lieux où le bien de ses affaires pourroit l'exiger, le tout avec offres de réciproquer envers ceux qui Nous seroient recommandés de leur part.

En foy de quoy les presentes sont munies de Notre Sceau près la signature de Notre Secretaire Substitué. Donné en Conseil à Morges le huitieme juin mille sept cent soixante-sept. — 1767. Signé. J. F. Perde Segret. Substitué. (Archives de la Société archéologique de Nantes.)

France, le maître et le précurseur de David, avait fondé à
Paris un atelier, — ou, pour mieux dire, une école — que
fréquentaient tous les jeunes gens désireux de se perfectionner dans leur art, selon le goût qui commençait à pré-
valoir, en opposition avec celui que les Watteau, les Lancret
et les Boucher avaient mis à la mode. Dessin correct, ordonnance pleine de noblesse, coloris délicat et harmonieux, telles
étaient les qualités principales de ce maître, qui eût assurément mérité le titre d'initiateur, si les chefs-d'œuvre de l'an-
tiquité n'avaient pas autant guidé son pinceau, mais qui n'en
doit pas moins être considéré comme un rénovateur habile et
hardi.

Après avoir puisé sous la direction d'un tel maître des
principes aussi sûrs qu'élevés, Sablet voulut partir pour
l'Italie.

Nous savons qu'il résida longtemps à Rome, uniquement
préoccupé de dessiner et de peindre d'après les chefs-d'œuvre
accumulés dans cette ville : mais nous manquons de détails
sur la vie qu'il y mena. Connaissant les modiques ressources
dont sa famille pouvait disposer en sa faveur, nous nous
doutons qu'il dut, comme tant de grands artistes à leurs
débuts, demander à un travail opiniâtre les moyens de parer
aux premiers besoins de l'existence.

Ses succès à Rome furent cependant assez grands, car
lorsqu'il revint à Paris, il y reçut de ses camarades d'atelier
le surnom *le Romain* qu'il conserva toujours depuis.

Dès l'année 1777, François Sablet était déjà de retour à
Paris, car nous voyons dans les *Comptes des États de Berne*
avant la Révolution de 1798, que le 20 août de cette année, le
Conseil de la ville de Berne écrivait au Préfet de Lausanne
qu'il était « *alloué au sieur Jacques Sablet de Morges, peintre
à Lausanne, cent écus*[1], *pour subvenir en partie aux frais d'éducation de ses deux fils, dont l'un étudie la peinture à Paris et
l'autre l'architecture à Lyon et à Berne.* »

[1] L'écu de Suisse valant à peu près 5 fr. 50 d. notre monnaie.

Au mois de novembre de cette même année 1777, Sablet, qui demeurait enclos et paroisse des Quinze-Vingts, épousa demoiselle Marie-Madeleine Borel, née le 1er avril 1747 de Jean-Baptiste Borel, marchand de bois et de Anne Glain, demeurant également à Paris, même enclos et paroisse. Les archives de la Société archéologique de Nantes contiennent une expédition sur parchemin du contrat de mariage, passé devant M⁰ Lemoine, notaire à Paris, à la date du 20 novembre 1777. Nous y remarquons que notre artiste y est qualifié de « *peintre en portraits, garçon majeur, fils du sieur Jacob Sablet, peintre en bâtimens* » et que les témoins furent Benoist Chartier de Lisle, marchand tapissier et Joseph Thiriaux, premier commis du bureau de la maréchaussée de France, demeurant à Paris, rue Sainte-Croix de la Bretonnerie, paroisse Saint-Paul.

La réputation de Sablet comme portraitiste était déjà faite à cette époque ; et elle ne devait que s'accroître chaque jour davantage, car les commandes les plus honorables ne cessaient de lui être faites. Il était même de tradition dans la famille Sablet qu'il eut l'honneur de travailler avec M⁰⁰ Vigée-Lebrun, pour la Cour de Louis XVI : lui, peignant les figures, elle, se chargeant des draperies. De telle sorte que si François Sablet avait tenu à associer son nom à celui de M⁰⁰ Lebrun, au bas de ces beaux portraits officiels qui ont tant contribué à populariser le nom de la célèbre artiste, il eût pu, lui aussi, consacrer sa réputation et entourer même son nom de l'auréole de la gloire.

Mais peut-être notre peintre préférait-il l'argent à cette vaine fumée que les hommes appellent la gloire ?... Ou tout au moins ce résultat plus positif suffisait-il à ses modestes aspirations ?... Toujours est-il qu'à peindre tous ces portraits il gagnait beaucoup d'argent. On assure même qu'il put se constituer un capital supérieur à cent mille francs.

Au reste, ne se bornant point à peindre des portraits à Paris, il allait de temps en temps en Normandie, dont les sites et les rians cottages lui rappelaient sans doute certaines vallées de la Suisse et où il trouvait les motifs d'agréables et frais paysages.

Cependant la Révolution, qui accumula tant de ruines en France, vint mettre fin à la situation prospère qu'il s'était faite par son labeur incessant et en peu de jours il perdit toute sa fortune.

Il retourna alors en Suisse, mais il n'y demeura que le moins longtemps qu'il put, et dès que l'orage commença à se dissiper, il revint se fixer dans ce Paris, où il avait trouvé une famille et une honorable situation. Nous voyons, en effet, dans les archives de la Société archéologique de Nantes, un passeport délivré à lui et à son épouse, le 24 juillet 1793 par *le Bourgmestre et Conseil de la ville de Lausanne, canton de Berne*. Cette pièce nous apprend qu'il était d'une taille de 5 pieds, 4 pouces et quelques lignes, *de bonne corporance*, qu'il avait les cheveux blancs[1], les sourcils noirs, les yeux bruns, la barbe blanche et le nez aquilin[2].

A Paris, où il arriva avec sa femme, le 2 août suivant, Sablet reprit le cours paisible et régulier de sa vie artistique brusquement interrompue par les événemens. Il se fit recevoir membre de la *Société populaire et républicaine des arts*, séante au Louvre, salle Laocoon, société fondée sous la Convention pour « *s'occuper essentiellement des intérêts de la République, en ce qui concerne les arts*[3]. » Il en fut le 70e membre.

Voyant son frère Jacob exposer avec succès aux Salons de Paris, François Sablet songea à briguer lui aussi les suffrages du public à ces grandes assises de l'art. Nous donnerons plus loin, d'après les livrets officiels, le détail des tableaux qu'il exposa successivement.

[1] Sablet avait alors 47 ans.

[2] Ce passeport nous apprend que Madame Sablet, âgée de 45 ans, avait une taille de 5 pieds, 1 pouce et qu'elle avait les cheveux blonds-châtains et les yeux bleus.

[3] Cette société publiait un journal rédigé par Detournelle et intitulé : « *Aux armes et aux Arts ! Journal de la Société populaire et républicaine des Arts. A Paris, chez Girardin : in-8°.*

Vers l'année 1805, notre artiste, qui avait fait la connaissance de l'architecte nantais Mathurin Crucy, se décida à le suivre à Nantes et à s'installer dans cette ville[1].

Recommandé par cet architecte, qui jouissait à Nantes de l'estime générale, Sablet ne tarda pas à y conquérir une très honorable situation. On goûta son talent facile et agréable, et l'on apprécia cette modestie qui égalait son talent. Aussi, n'eut-il aucune peine à se créer rapidement une très belle clientèle parmi les amis des arts, soit en faisant le portrait, soit en peignant le paysage.

Mais, arrivons sans plus tarder au fait principal de sa carrière artistique, qui fut, pour ainsi dire, la consécration officielle de son talent, le couronnement de son œuvre : nous voulons parler des tableaux qu'il dut exécuter pour la décoration de la grande salle de la Bourse, à Nantes.

Lorsque Napoléon vint dans cette ville, en 1808, il décida que la Bourse serait achevée[2] et, par un décret du 11 août de la même année, ordonna que ce travail important serait exécuté *moitié aux frais de la ville, moitié aux frais de l'Etat*.

On sait quelles fêtes somptueuses furent données au Souverain lors de son passage à Nantes et quelle réception magnifique lui fut faite par les autorités, à lui et à Joséphine, qui l'accompagnait. On vota 90.000 francs pour la circonstance, et ce crédit fut insuffisant, puisque l'on dépensa plus de 100.000 francs[3], sans compter le yacht impérial dont la ville fit présent à l'Empereur. L'hôtel d'Aux, actuellement le siège de l'état-major du XIe corps d'armée, fut aménagé avec un luxe inouï pour recevoir les hôtes illustres de la

---

[1] Mathurin Crucy, né à Nantes le 22 février 1749, mourut dans cette ville le 7 novembre 1826.

[2] En 1782, on avait décidé de construire une nouvelle Bourse, grande et magnifique. On avait adopté les plans de Mathurin Crucy, architecte-voyer de la ville et les travaux avaient été commencés en 1791, mais ils avaient été suspendus par suite des événemens politiques.

[3] On dépensa exactement, d'après les comptes officiels, 160.000f.25.

vieille cité bretonne et une garde d'honneur, aux costumes resplendissans, fut spécialement organisée pour
accompagner le vainqueur d'Austerlitz : elle était commandée
par M. Deurbroucq[1], dit *Piter-Deurbroucq*, consul à Nantes,
officier de la Légion d'honneur et chancelier de la 12ᵉ cohorte,
ayant, pour la circonstance, rang de colonel[2]. « Cette ré-

[1] Cf. la notice que nous lui avons consacré dans notre *Iconographie
bretonne* (tome Iᵉʳ, p. 155).

[2] Cette garde d'honneur était composée de deux compagnies d'infanterie
et de deux escadrons de cavalerie. L'état-major se composait de M. P. Deurbroucq, colonel-commandant en chef et de M. Prosper-Isidore Tatron de la
Jannette, capitaine, quartier-maître, trésorier général. Le petit état-major
de l'infanterie était composé de MM. de Monti Saint-Pern, lieutenant-colonel
commandant ; Joseph Drouas, capitaine adjudant-major et Pacquetac, sous-
lieutenant porte-drapeau ; la 1ʳᵉ compagnie était commandée par MM. de
Bree Montplaisir, capitaine ; Le Chaeff, lieutenant ; Pillonneau et de
Brucy, sous-lieutenans et la 2ᵉ compagnie par MM. S. Paris, capitaine ;
Vallée aîné, lieutenant ; Fortuné Druaroat et Dumas-Violette, sous-
lieutenans. Le petit état-major de la cavalerie se composait de MM. de
Montauban, lieutenant-colonel commandant ; Graslin, capitaine adjudant-
major et Couvy, sous-lieutenant porte-drapeau ; le 1ᵉʳ escadron était com-
mandé par MM. Ulric-Aug. Pillochier, capitaine ; de Langevort de la
Couère, lieutenant ; Gab. de Mouveau et Ed.-Aug. Delaunay, sous-lieutenans et le 2ᵉ escadron était sous les ordres de MM. J.-B. de Coueres, capitaine ; Henry Villmain, lieutenant ; Aug. de Thorané et P. de la Maneraie,
sous-lieutenans.

Il existe une gravure en couleurs, exécutée à l'époque, représentant un
fantassin et un cavalier. Elle porte le titre suivant : « Gardes d'Honneur ‖
en grand costume formés à Nantes pour la réception ‖ du Grand Napoléon. »
Dimensions prises au trait carré : H. 0ᵐ,292 ; L. 0ᵐ,172. Nous en connaissons
notamment une épreuve sous verre aux archives de la ville de Nantes.

Voici d'ailleurs, pour les amateurs de costumes militaires, la transcription
littérale d'un placard imprimé que nous avons vu dans le même dépôt ; il
donne bien l'idée des frais que durent s'imposer pour leur équipement les
Nantais qui briguèrent l'honneur de servir de gardes du corps à l'Empereur :

Uniforme de la Garde d'honneur à cheval.

Chapeau à la russe, avec plumet blanc et amaranthe ; cette dernière couleur à la base du plumet et n'ayant qu'un doigt de hauteur ; cocarde nationale en argent ; ganse en grosse torsade en or ; floches en torsade moyenne
en or ; bouton dit à l'aigle.

Habit, vert, drap fin, d'une couleur et qualité uniformes ; coupé en habit
de chasseur à cheval et sur un modèle commun pour toute la garde ; collets.

ception, écrit Verger, est la plus magnifique dont les
annales de Nantes fassent mention[1] ».

En 1809, l'administration municipale, désireuse de perpétuer le souvenir du passage de l'Empereur, décida que six
grandes toiles, en représentant les épisodes les plus saillans,
seraient demandées à un peintre de mérite, pour être placées
dans la grande salle de la Bourse, dont l'inauguration devait
avoir lieu quelques années après. Pour l'exécution de cet
important travail, elle jeta les yeux sur Sablet, qui sans
doute avait été chaleureusement recommandé par son ami
Crucy, à qui était confié l'achèvement de la Bourse. Toujours
est-il que c'est ce dernier qui fut chargé de l'informer de la

revers, paremens et passe-poil en velours amaranthe, doublure amaranthe
en voile : boutons jaunes, demi-bombés, avec aigle et la légende : *Garde
d'honneur*. Sur l'épaule gauche, une aiguillette en or, d'une dimension pa-
reille à un modèle ; et, sur l'épaule droite un trèfle en or, assorti à l'aiguillette ; deux cors de chasse en or, en retroussis.

Col, noir et blanc, sans faire paraître celui de la chemise.

Gilet, blanc en casimir ou drap, avec trois rangs de boutons, conformes
à ceux de l'habit.

Pantalon, blanc en drap ou casimir, avec une tresse en or sur la couture
et trèfles en or ; ces ornemens conformes à un modèle. Aucun autre pantalon
ne sera admis.

Bottes noires de chasseurs, avec éperons jaunes, tenant à la botte, tresse
et gland en or ; le gland cousu de près à la botte.

Sabre, courbe, fourreau entièrement doré et uni ; poignée dorée, ceinture
en dehors avec une dragonne en or ; ceinture noire, façon de maroquin, avec
vignette en or.

Gants, en daim, forme ordinaire.

Pour le cheval.

Bride, de chasseur avec trois chasse-mouches ; le mors français, boucettes
blanches, brides, guides noires, point de martingale.

Licou, à la hongroise, garni en drap amaranthe.

Chabraque, de drap vert, à grandes pointes tombantes, bordée de drap
amaranthe, avec tresse en or, large d'un pouce, à un doigt de distance de la
bordure amaranthe. Large surfaix de couleur amaranthe, deux cors de chasse
en or aux deux pointes de derrière de la chabraque, fontes de pistolet sous
la chabraque ; point de mousqueton, deux chasse-mouches à la croupière.

Tous ces modèles à l'hôtel de ville.

Et dire qu'il plut tout le temps ! . . . . . .

[1] *Archives curieuses de Nantes*, t. I, col. 59.

décision du Conseil municipal, car voici la teneur d'une
lettre que nous trouvons dans les archives de la Société
archéologique de Nantes.

> Nantes, le 8 décembre 1808.

A M. Sablet
peintre à Nantes
  sur la Fosse.

MONSIEUR,

J'ai l'honneur de vous remettre la notice des sujets des six grands
tableaux en bas-reliefs, qui doivent décorer la salle de la Bourse. Ce
programme a obtenu l'approbation de Monsieur le Maire qui vous en
confiera l'exécution ; il me charge de vous en demander des esquisses,
d'après lesquelles il passera avec vous le marché des tableaux, ainsi
qu'il y a été autorisé par Son Excellence le Ministre de l'Intérieur.
Je vous invite à vous livrer de suite à ce travail préparatoire.

J'ai l'honneur d'être avec une parfaite considération, Monsieur,
votre très humble et très obéissant *(sic)* serviteur.

> M. CAVcv.

A cette lettre était annexé le programme des sujets à représenter ; nous transcrivons cette pièce, sans y rien changer.

*PROGRAMME des sujets historiques pour les six grands bas-reliefs
de la salle de la Bourse, ils ont vingt-six pieds de longueur sur huit
pieds de hauteur.*

Le passage de l'Empereur à Nantes est l'époque la plus glorieuse
pour la ville ; il offre une suite de scènes intéressantes propres à
remplir avantageusement les six cadres ; ce double motif a déterminé
le choix des sujets suivans :

1 — Entrée de l'Empereur à Nantes.

Il est descendu de sa voiture (il est en uniforme de colonel), à sa
droite sont les grands de sa Cour, des officiers de sa garde d'honneur ; à sa gauche se présente le maire, à la tête du corps municipal, des magistrats, des notables ; derrière eux des groupes de ci-
toyens armés, des hommes, des femmes élevant leurs enfans, etc. .
En perspective l'arc de triomphe de l'entrée de la ville.

Nota. — La scène s'est passée pendant la nuit, il semble que l'aspect du tableau devrait présenter ce fait historique.

2. — Audience donnée aux magistrats.

Dans son salon magnifiquement orné, l'Empereur décoré de cordons, etc.., la tête découverte et debout, reçoit le conseil général du département, les corps de magistrature et les maires. La disposition présentera l'Empereur au centre et en face; derrière lui, les grands et les officiers de la Cour en grande tenue; des deux côtés de sa Majesté, d'une part les tribunaux, d'autre part les administrations.

3. — La visite de l'Empereur au lycée.

L'Empereur est en uniforme de dragons; il est à pied, n'est accompagné que du commandant de la garde d'honneur. Le proviseur vient le haranguer à la tête des professeurs; ils occupent la gauche. L'Empereur est entouré de groupes d'élèves et paraissait s'occuper d'eux d'après son attitude un peu inclinée. Une femme a fendu la presse et s'est jetée à ses pieds, en lui présentant ses deux enfants et demandant la mise en liberté de son mari d'adjudant-général Normand[a]. L'Empereur la relève de la main droite avec bonté et d'un air qui promet la grâce. En perspective les bâtiments du lycée.

4. — L'Empereur visitant la ville.

Il est à cheval occupant le centre du cortège en marche, à côté de lui est le commandant de la garde d'honneur, devant et derrière les grands officiers; à la tête et à la queue du cortège sont des gardes d'honneur, mêlés avec la garde impériale. Il va passer devant la colonnade de la comédie qui se présente obliquement en perspective avec une partie des maisons de la place impériale. On verra dans l'angle du tableau le petit monument des Morts érigé sur cette place[b]. Bas

[a] Le général Jean-Gaspard Normand était né à Nantes, paroisse Saint-Nicolas, le 21 juin 1773. Aide-de-camp de Moreau, à l'armée du Rhin, il se trouva directement impliqué dans son procès, fut arrêté et détenu à Nîmes et à Rennes. Décrété le 17 messidor an 12 et juillet 1804, il ne fut amnistié que le 19 février 1805. Attaché au 1er corps de la grande armée, le 5 septembre 1812, il mourut à Wilna, le 17 janvier 1813. Il avait été créé chevalier de l'Empire, à la suite de la bataille d'Heilsberg (3 mai 1809).

[b] Trois monuments principaux furent élevés par les soins de l'édilité nantaise à l'occasion du passage de Napoléon : un arc de triomphe à Pont-Rousseau, un obélisque surmonté d'un grand aigle doré sur la place Royale et à l'angle du théâtre Graslin, du côté de la rue Corneille, un petit monument

groupes nombreux de spectateurs se promènent sur les marches du péristyle de la Comédie. L'action de l'empereur sera de montrer la colonnade, en parlant au commandant de la garde d'honneur.

5. — L'Empereur s'embarque sur le yacht du commerce

L'empereur suivi du ministre de la marine et d'autres grands personnages vient de descendre la grande cale de la Fosse, il met le pied dans le yacht où il est reçu par deux députés du commerce, qui le lui avaient préparé. Les officiers de l'état-major et de l'administration de la marine forment des groupes sur le quai, des soldats de la garde sont mêlés avec les rameurs ; la cale est occupée par des groupes nombreux de spectateurs ; la gauche du tableau présente la poupe d'un navire. On voit en perspective dans le milieu les arbres de la Fosse et sur la droite l'édifice de la bourse.

6. — L'Empereur approuve le plan de la Bourse et en ordonne l'achèvement

Le corps municipal et la chambre de commerce ayant le Maire à la tête suivis d'un groupe de négociants et d'artistes présentent à l'Empereur le plan de la Bourse ; l'Empereur est dans son cabinet, debout, la tête nue ; il est accompagné seulement d'un conseiller d'État et du ministre Maret. Le maire étale le plan sur le bureau, l'Empereur l'observe avec attention avec un geste et un coup d'œil approbatifs.

Nantes, le 8 décembre 1869.

Signé : M. Crépu.

appelée le pavillon ou le monument des Muses. Nous avons trouvé dans les archives de la ville de Nantes un état estimatif des divers monuments à élever sur les diverses places de la ville à l'entrée de S. M. Impériale et royale, dressé par Mathurin Peccot, architecte-voyer de la ville, à la date du 27 juin 1808. Il nous apprend que le tout doit coûter environ 38,750 fr. soit 7,800 fr. pour l'arc de triomphe, 4,100 fr. pour l'obélisque, 1,100 fr. pour le monument de la place Graslin et 5,250 fr. pour la charpente et la menuiserie. Un Mémoire des ouvrages en menuiserie faites [sic] et fournies pour l'arrivée de de [sic] Majesté l'Empereur et Roi à Nantes, conservé dans le même dépôt, nous apprend encore que ce monument des Muses se composait d'un piédestal circulaire dont la base était carrée, qui avait environ 90,00 de haut sur 30,32 de diamètre à la base.

Tout autour de ce monument on avait disposé les neuf muses, œuvre du sculpteur Molchnecht, qui n'étaient pas encore placées sur le péristyle du théâtre, où elles sont aujourd'hui. Telle est l'explication du nom de monument des Muses donné à ce pavillon provisoire.

Sablet se mit immédiatement à l'œuvre et bientôt il put
soumettre à l'administration municipale plusieurs projets
pour chacun des tableaux qui lui étaient demandés. La Société archéologique de Narbes possède dix de ces projets :
deux pour le premier tableau, trois pour le second, un pour
le troisième, un pour le quatrième, deux pour le cinquième
et un pour le sixième. Nous les décrirons plus loin.

Dès maintenant nous pouvons dire que leur ordonnance est
généralement pleine de noblesse, que notre artiste a bien
saisi le caractère de l'œuvre qui lui était confiée et qu'il s'est
acquitté de sa tâche avec autant de science que de fidélité.

Sans doute, ces dessins ont toute la roideur et la sécheresse des pièces officielles. A considérer tous ces personnages
engoncés dans leurs collets d'uniforme et automatiquement
placés devant le maître, l'œil n'éprouve point ce chatouillement
spécial que produit l'œuvre d'art, l'esprit n'est rien moins
que charmé, le cœur n'est point ému : mais, en revanche,
comme on a bien la vision exacte des fêtes militaires du premier
empire, dans lesquelles tout était uniforme, roide et collet
monté, mais qui n'en étaient pas moins marquées au sceau
d'une ampleur et d'une majesté indéniables. Tous ces hommes,
jeunes encore, avaient plus ou moins suivi *le petit Caporal*
dans ses victoires et ses entrées triomphales à travers le
monde et il semble, en vérité, qu'ils en étaient démesuré-
ment grandis et que les cérémonies auxquelles ils prenaient
part fussent faites de plus de grandeur et de solennité !

Cependant Sablet ne se borna point à grouper les personnages selon les données qui lui avaient été fournies par
l'administration, il ne se contenta point de relever exactement les costumes dont ils étaient revêtus, de noter, en un
mot, tous les détails de ces fêtes ; il voulut que tous ces
hommes, qui devaient passer à la postérité avec ses tableaux,
fussent absolument ressemblans. Le peintre d'histoire —
tel est le titre qu'il prenait et qu'on lui donnait alors — se
souvint du peintre de portraits d'autan. Il fit donc poser

tous ces personnages et, en quatre coups de crayon, fit leur portrait *empris du vif*, comme on disait au seizième siècle.

En tête, l'Empereur, avec Joséphine et les personnages de sa maison, puis le préfet de Ce...., le maire Bertrand-Geslin et ses adjoints et Piter-Deurbroucq, le colonel de la garde d'honneur, qui devait être créé baron l'année suivante; puis viennent les magistrats, les fonctionnaires, les professeurs et les élèves du lycée, les commerçans, tous ceux enfin qui avaient joué quelque rôle dans ces fêtes; et, il n'est pas jusqu'aux bateliers du yacht impérial que, dans sa conscience d'artiste, il n'ait tenu à pourtraire aussi: rudes et honnêtes figures de marins, bien curieuses à étudier avec l'énorme plumet qui orne le devant de leur large chapeau.

La Société archéologique possède plus de quatre-vingts de ces crayons, collection qui serait inestimable pour l'histoire de la ville de Nantes au commencement de ce siècle, si l'on pouvait savoir exactement quels personnages représentent chacune de ces effigies. Malheureusement quelques-unes seulement ont été reconnues. Nous en donnerons plus loin le détail[1].

---

[1] Nous trouvons au dossier de la Société archéologique de Nantes une liste de la majeure partie de ces portraits, dressée par M. A. Guéraud. Malheureusement ces noms n'ont point été reproduits sur les dessins et les numéros de cette liste ne correspondent point à certains numéros figurant sur ces portraits. Nous reproduisons cette liste pour mémoire seulement : 1. Xaroudas ; 2. Joubram ; 3. De Talleyrand ; 4. Maret, ministre, (depuis duc de Bassano) ; 5. Durcas ; 6. G¹ Bertrand ; 7. L'archevêque de Malines ; 8. Drao ; 9. Bertram ; 10. Le Callas, préfet ; 11. Du... conseiller de préfecture ; 12. Dupera, général de division ; 13. Mgr Duvoisin, évêque ; 14. Du Drez, président du consistoire ; 15. Bertrand-Geslin, maire ; 16. Henri Renou, adjoint ; 17. Du Bract, adjoint ; 18. Armait, adjoint ; 19. Hurvons, adjoint ; 20. Du Lezancat, adjoint ; 21. Piter-Deurbroucq, colonel de la garde d'honneur ; 22. de Lansemont, lieutenant ; 23. Du Menti de Saint-Jean, lieutenant-colonel ; 24. Garnou, président du tribunal ; 25. Pineau d'Errata-los, vice-président ; 26. Tardiveau, avocat, président du conseil général ; 27. Omart, commissaire général de la marine ; 28. Grillaud, négociant, président de la chambre de commerce ; 29. Hucom, négociant ; 30. Lucas, négociant ; 31. Paris, négociant ; 32. Collas, négociant ; 33. Maravos, président de la cour de justice criminelle ; 34. Du Kervesan ; 35. Bara, bibliothécaire ; 36. Math. Crucy, architecte ; 37. Math. Piccot, architecte ; 38. Delaville, négociant ;

Au point de vue documentaire, cette nombreuse et importante collection a donc perdu presque tout son intérêt; mais, si nous l'examinons au point de vue de l'art, nous n'hésitons pas à dire qu'elle suffit à montrer la valeur de Sablet comme portraitiste.

Quelle spiritualité, quelle souplesse dans le crayon qui a dessiné tous ces portraits et comme on sent bien qu'il avait étudié à bonne école, celui qui le maniait avec tant de facilité!

Comme tous ces personnages sont bien représentés au naturel et comme elles doivent être vraies ces physionomies si dissemblables les unes des autres et offrant toutes un caractère si nettement défini, si franchement personnel! Mais, ce qui double le prix de ces crayons et partant le mérite de notre artiste, c'est la sobriété des moyens employés et la simplicité naïve de l'exécution. Tout cela, il ne faut point s'y tromper, est l'œuvre d'un véritable artiste: et l'on ne doit pas s'étonner, si en contemplant cette œuvre, on se prend involontairement à songer à ces grands portraitistes du XVe siècle, aux Geoffroy Dumoustier, aux Bentelou et aux Foulon, à qui nous devons ces crayons qui sont une des gloires de notre école française. Sablet leur est inférieur sans doute: ils sont tout au haut de l'échelle, lui n'est peut-être qu'au premier degré, mais enfin.

39. Lambertaux; 40. Jean Martin; 41. Lacuerre, président du tribunal de commerce; 42. Mme Normand; 43. Général Normand; 44. Man, professeur du lycée; 45. Penman, professeur; 46. Remaneur, professeur; 47. Jean Lenôtre, professeur; 48. Arnaud; 49. Clavier; 50. Françoise de la Morre; 51. Dervillaine, architecte; 52. Coquereau, payeur; 53. De Lanneveux, receveur général; 54. Chatainereau, peintre; 55. Donat, père, sculpteur; 56. Germain et Martin, constructeurs du yacht impérial; 57. Alexandre François, sergent-major, élève du lycée; 58. Carlier, élève du lycée.

Il est inutile de faire remarquer que cette liste est fort incomplète. Ajoutons que beaucoup de portraits des personnages qui y figurent ne se trouvent plus dans les cartons de la Société archéologique de Nantes, notamment ceux de Joséphine et de Mme Normand; d'autre part, il convient d'ajouter le nom de M. Brillaud-Laujardière, conseiller de préfecture, dont nous avons pu reconnaître le portrait. On voit donc combien de portraits non déterminés renferme cette collection.

il est de leur race et ce n'est point là un mince titre de gloire.

Quoi qu'il en soit, les projets furent acceptés par l'édilité nantaise, tels qu'ils avaient été soumis par leur auteur[1]. Les Archives de la Société archéologique de Nantes renferment une lettre du maire Bertrand-Geslin, adressée, à la date du 10 juillet 1810, à *M. Sablet peintre d'histoire*, dans laquelle il lui annonce l'envoi de l'expédition du marché passé avec lui « pour l'exécution des six grands tableaux qui doivent être placés dans la grande salle de la Bourse. »

Voici le texte de ce contrat que nous avons transcrit sur le registre des délibérations du conseil municipal :

MARCHÉ passé au Sr Sablet des six grands Tableaux qui doivent occuper les 6 encadremens de la Bourse.

Nous, Maire de la Ville de Nantes, Baron de l'Empire,

Conformément à la décision du 29 août dernier de son Excellence le Ministre de l'Intérieur, qui détermine le mode d'exécution des travaux de la Bourse et qui nous autorise à confier à un artiste connu et de notre choix l'exécution des tableaux qui doivent décorer la grande salle et d'en passer avec lui le marché ; ayant fait choix de M. François Sablet, peintre d'histoire, pour leur exécution, nous lui avons précédemment remis un programme des six tableaux de vingt-six pieds de longueur sur huit de hauteur chacun, qui doivent occuper les six encadremens au-dessous de l'architrave, d'après lequel il a point des esquisses que nous avons approuvés (sic).

Les tableaux seront peints à l'huile et en grisaille pour imiter le bas-relief, et exécutés suivant l'ordonnance des esquisses de chacun des sujets. Ledit Sr Sablet fournira les toiles et impression et tous les autres objets relatifs à leur exécution. Nous mettons à sa disposition pour lui servir d'atelier la grande salle du premier étage de la Bourse ; la fourniture des chassis, encadrement et les frais de mise en place seront seuls aux charges de la Mairie. Les payemens seront faits par quart suivant l'avancement des travaux et d'après les certificats de l'architecte en chef.

---

[1] Les tableaux ayant disparu, ainsi que nous le verrons bientôt, nous ne saurions dire quels projets avaient été adoptés parmi les différens qui avaient été proposés par Sablet pour une seule toile.

Nous avons examiné et discuté avec ledit Sablet, les prix de toutes
les fournitures relatives à l'exécution de ces tableaux et le terme
nécessaire pour ce travail et sur ces données nous avons fixé et
arrêté le prix de chacun des tableaux à deux mille cinq cents francs
ce qui établit pour les six une somme de quinze mille francs, prix
que ledit Sablet a accepté s'obligeant à terminer ce travail dans
le cours de deux ans et il a signé avec nous le présent marché
aux conditions ci-dessous.

En mairie à Nantes, le 14 juillet 1810.

Signé : SABLET et le Bon BERTRAND-GESLIN.

L'inauguration de la Bourse eut lieu le 15 août 1812, jour
de la fête de l'Empereur; elle fut présidée par le baron Bertrand-Geslin, maire, assisté de M. Gulmann, président de la
chambre de commerce. « Les toiles qui couvraient les tableaux
de M. Sablet dont la bourse était décorée, écrit Mellinet, dans
son *Histoire de la milice de Nantes*, tombèrent au milieu des
applaudissemens les plus honorables pour le peintre qui
doit laisser son nom inséparable du monument comme du
séjour de l'Empereur à Nantes. » Le *Journal politique du département de la Loire-Inférieure* du lundi 17 août 1812, qui
contient le récit de cette cérémonie, reproduit le discours
prononcé dans la circonstance par le maire Bertrand-Geslin.
Nous en extrayons le passage suivant : ..... « Après avoir
payé cette dette de notre reconnaissance[1], je me fais un devoir
de rendre un tribut d'éloges bien mérités à l'architecte célèbre[2] dont chaque quartier de notre ville atteste les talens
et auquel vous devez deux édifices dont s'honorerait la
capitale des Arts; aux deux statuaires[3] qui ont décoré celui-ci
de leurs chefs-d'œuvre et au peintre estimable qui a retracé
sur la toile les événemens les plus glorieux pour Nantes et
les plus chers à notre souvenir. » Et le *Journal politique*

[1] À l'Empereur.
[2] Mathurin Crucy.
[3] Jean-Baptiste Debay et Bertrand.

ajoute : « On a réuni dans la salle de la Bourse toutes les beautés de l'ordre corinthien. Huit colonnes cannelées supportent un très beau plafond. Les corniches sont on ne peut plus élégamment sculptées. Les murs sont décorés de six tableaux en bas-reliefs par M. Sablet : dire qu'ils répondent aux talens avantageusement connus de cet artiste distingué, c'est en faire un éloge complet. Ces six tableaux représentent les scènes les plus intéressantes du passage de Sa Majesté Impériale dans notre ville... »

Nous savons par la tradition que les tableaux de Sablet étaient, en effet, fort remarquables et qu'ils réunirent les suffrages de tous les connaisseurs. Il semblait donc qu'ils dussent pouvoir braver les injures du temps ou des hommes et qu'ils fussent destinés à porter le nom de Sablet à travers les âges. Mais, qui peut, hélas ! se flatter de voir ses œuvres durer et se perpétuer ! Semblable à l'enfant qui élève sur le bord de la mer ces forteresses de sable que la vague aura balayées le soir, l'homme passe sa vie à produire des œuvres périssables et destinées à tomber bientôt dans le gouffre de l'insondable néant.

A la chute de l'Empire, le gouvernement de la Restauration crut devoir faire recouvrir d'un voile ces tableaux qui retraçaient avec trop d'éloquence la gloire du souverain qui venait de tomber. Cependant, le 20 mars 1815, lorsque Napoléon revint de l'île d'Elbe, le peuple se porta en foule à la Bourse et les découvrit. Mais à la seconde Restauration, ces toiles furent enlevées du monument pour lequel elles avaient été peintes. On a dit qu'elles avaient été cédées pour une somme insignifiante à un amateur américain et que c'était à Lisbonne qu'elles avaient été embarquées pour le Nouveau-Monde : toutefois la chose n'a pas été bien établie. Ce qu'il y a de certain, c'est qu'elles ont été supprimées.

Nous ne nous arrêterons point à apprécier cet acte du gouvernement de la Restauration, la politique ayant, nous assure-t-on, des exigences avec lesquelles il faut compter. Nous nous estimerions heureux cependant si nous voyions l'art demeurer à l'abri de ces dures exigences.

Peu après l'année 1812, époque de l'inauguration de la Bourse, qui avait valu un si grand succès à notre artiste, il fut atteint de la maladie qui devait le conduire au tombeau : ses longs travaux avaient jeté un trouble profond dans sa santé et une hydropisie de poitrine fit chaque jour des progrès plus inquiétans. Enfin, le 21 février 1819, il s'éteignit doucement à Nantes, entouré de nombreux amis.

M. Mulnier fils, peintre à Nantes, publia le 28 du même mois, dans le *Journal de Nantes*, une notice nécrologique dont nous extrayons les passages suivans : « M. Sablet, peintre de cette ville, membre de la Société académique du département de la Loire-Inférieure et de l'ancienne Académie de Saint-Luc, vient d'être enlevé aux arts, à sa famille et à ses amis....

« Jean-François Sablet eut dès son bas-âge un goût décidé pour la peinture ; dès lors il se livra avec ardeur à l'étude de l'art auquel il voulait consacrer sa vie. Les montagnes de la Suisse, les sites pittoresques du pays de Vaud, ces magnifiques tableaux de la nature, offerts partout à ses yeux, enflammèrent sa jeune imagination et l'entraînèrent d'abord vers l'étude du paysage. Bientôt, voyageant en Italie, il se perfectionna à l'école des grands maîtres et se distingua dans plus d'un genre.

« On remarque parmi ses nombreux ouvrages, des vues de Lausanne et d'Italie, des tableaux d'intérieur, de religion et d'histoire, qui annoncent, avec le génie du peintre, les talens de l'artiste qui a longtemps étudié sur son art. Une grande correction de dessin, une touche facile et une grande fraîcheur de coloris distinguent tous ses ouvrages et les feront toujours admirer par les connaisseurs. Ses riches portefeuilles, son magnifique cabinet décèlent l'homme de goût, le peintre habile et l'amateur éclairé.

Naturalisé en France, il s'attacha à sa nouvelle patrie. Jaloux de sa gloire, il joignit à des sentiments dignes d'un Français les mœurs douces et aimables de ses anciens compatriotes... »

Nous bornerons ici cette notice sur François Sablet, espérant qu'elle aura fait connaître un artiste véritablement estimable et souhaitant que ces quelques lignes, tout incomplètes qu'elles peuvent être, soient goûtées des amis des arts à qui elles sont destinées.

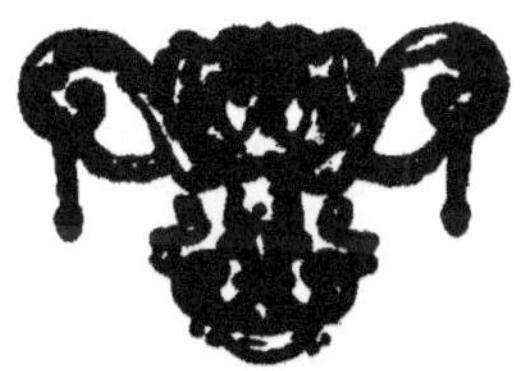

CATALOGUE

DE L'ŒUVRE DE FRANÇOIS SABLET

PEINTURES

TABLEAUX CONSERVÉS AU MUSÉE DE NANTES

Entrée de la Savoie.

Paysage. H. 0m.16; L. 0m.23.

Sur une route, se trouvant à la gauche du tableau, on aperçoit une berline attelée de deux chevaux ; vers la droite, une rivière avec des rochers. Au fond, des montagnes.

Ce tableau provient de la collection Cacault.

Vue prise en Italie.

Paysage. H. 0m.11; L. 0m.18.

Au premier plan, on aperçoit une rivière qui tourne vers la droite, pour revenir à gauche se perdre derrière les arbres d'une villa, qui apparaît au second plan ; derrière, de vertes pelouses et, tout au fond, une chaîne de montagnes.

Ce tableau provient de la même collection

Vue de Tivoli

Toile. H. 1m,14 ; L. 1m,36.

Tivoli s'étend de gauche à droite, jusqu'au petit temple circulaire appelé *temple de la Sybille*. A gauche, on voit la campagne romaine et à droite une bergère assise, avec quelques moutons. Vers la gauche, trois personnages sur la voie Tiburtine.

Ce tableau a été donné à la ville de Nantes, en 1811, par Mme Delavannguyon, sœur commençaire de François Sablet, ainsi que nous l'avons dit.

La cale de la Machine, près des Salorges, à Nantes.

Toile. H. 1m,14 ; L. 1m,41.

C'est une vue du port de Nantes, en sa partie la plus mouvementée. Nombreux personnages, parmi lesquels on remarque M. de Kervégan, l'abbé de la Tréminisinière, etc...

Ce tableau a été donné, en 1811, par Mme Delavannguyon. Il est provisoirement déposé à l'hôtel de ville de Nantes. Il avait figuré au Salon de 1817 (Voyez ci-dessus).

Portrait de Pierre-René Cacault, peintre, frère de François[1].

Toile. H. 0m,23 ; L. 0m,30.

Il est vu de trois quarts, dirigé vers la gauche, assis sur une chaise, le bras gauche posé sur le dossier, regardant de face. Il porte un habit bleu avec gilet jaune.

Ce portrait provient de la collection Cacault.

Portrait de l'architecte Crucy.

Toile. H. 0m,23 ; L. 0m,31.

Il est vu de trois quarts dirigé à droite, portant un habit bleu, avec perruque poudrée. Au fond, vers la gauche, on

[1] Voyez le portrait de ce dernier à l'œuvre de Jacques Sablet, qui suit.

aperçoit en perspective la Chambre des Comptes de Bretagne, actuellement la préfecture de la Loire-Inférieure, bâtie sur les plans de Coincray. Ce portrait est signé, à gauche, près de l'épaule du personnage : *F. Sablet*.

Toile provenant de la collection Cacault.

TABLEAUX EXPOSÉS AUX DIFFÉRENTS SALONS DE PARIS

SALON DE L'AN VII

Nᵒˢ 283. Tableau représentant un orage.
284. Paysage avec figures.
287. Deux intérieurs sous le même numéro.
288. Deux portraits sous le même numéro.

SALON DE 1804

Nᵒˢ 409. Paysage représentant la voie appienne au bas de la Ricia.
410. Paysage représentant une fontaine sur la route de Genzano à la Ricia.
411. Portrait d'une jeune femme dessinant la tête d'Apollon.
412. Portrait d'homme.

SALON DE 1817

Nᵒ 632. Vue d'une portion du port de Nantes[1].

SALON DE 1819[2]

Nᵒˢ 1012. Une femme travaille devant la cheminée de sa cuisine.
1013. Une servante nouvelle auprès d'une écuelle.
1014. Une dame entre la nuit dans sa cuisine en tenant une lumière.

Ces tableaux appartiennent à la famille de l'auteur.

[1] Ce tableau est conservé au Musée de Nantes. (Voyez à la page précédente).
[2] Sablet était déjà mort lors de l'ouverture de ce Salon.

TABLEAUX DIVERS

Napoléon à Nantes.

Six grisailles en bas-reliefs, placées jadis à la Bourse de Nantes (Mémoire).

Portrait de François Sablet par lui-même.

Toile. H. 0m,79 ; L. 0m,56.

Il est vu à mi-corps, le corps dirigé à droite, la figure de trois quarts ; il tient une palette dans la main gauche. Tunique bleue, jabot de dentelle, longue chevelure blanche. Ce portrait est signé : *F. Sablet pein* (sic) *par lui « pour son ami » Crucy.*

Collection de M. Crucy, architecte à Nantes, rue de Gigant.

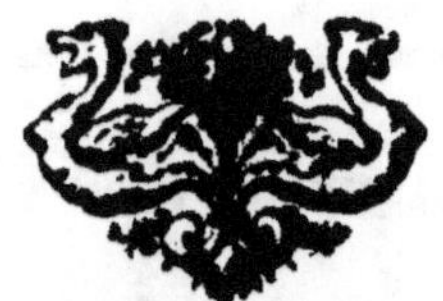

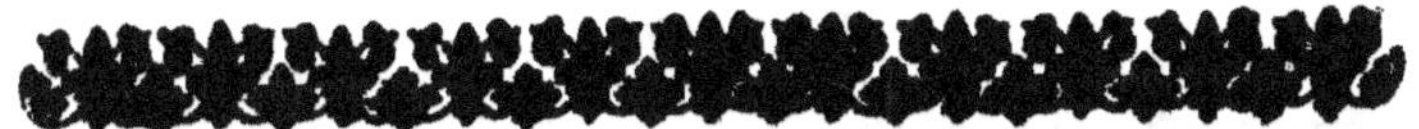

GRAVURES

●

———

PIÈCES GRAVÉES PAR DIVERS ARTISTES

D'APRÈS FRANÇOIS SABLET

———

Premier Ouvrage de Gravure Dédié Par la Reconnaissance à la Société || Philantropique (*sic*) **de Paris. || Par leurs** (*sic*) **très humble et très || Obeis-ant Serviteur L. Perrot. || Tiré du Cabinet de Madame || De Saint Maurice. Au milieu est la devise de la Société :** *Donec de carlo desrendal* **et la date** *1780*.

Un jeune homme et une jeune femme, assis sur un banc dans la campagne. regardent jouer leurs deux enfans. l'un avec un petit chien. l'autre avec un polichinelle: derrière eux. deux servantes étendent du linge : à gauche et au second plan. deux lavandières et un étang; à droite, au premier plan des barriques vides. Pièce signée : *F. Sablet pinr.* — *L. Perrot sculp. 1785.*

Deuxième Ouvrage..... (le reste comme ci-dessus).

Une jeune femme du peuple, assise sur un banc dans la campagne allaite son enfant, tandis que son mari, assis près d'elle la regarde. Debout, devant eux, une dame, donnant la main à un jeune enfant richement habillé, les considère. Derrière le premier couple. au pied de deux arbres. un jeune garçon et une jeune fille prennent leurs ébats. Au second plan, à droite et à gauche, un étang et des lavandières. Pièce signée : *F. Sablet pinx — L. Perrot sculp. 1786*¹.

Ces deux paysages se font pendant ; ils sont fort agréables et d'une grande fraîcheur ; ajoutons qu'ils sont fort bien gravés. Dimensions : L. 0m,353 ; H. 0m,262.

Nous les trouvons annoncés dans la *Gazette de France* du 22 août 1786 et le même journal, à la date du 25 août suivant, les annonce de nouveau en ces termes : « Premier et second ouvrage, dédiés par la Reconnaissance à la Société philantropique, 2 estampes en pendant, d'après M. Fr. Sablet, par M. Perrot. 30 s. chaque : chez le sieur Knoth, rue Saint-Hyacinthe, place Saint-Michel, n° 1 »

Portrait du comte d'Estaing.

Il est en buste, de trois quarts dirigé à droite, en costume d'amiral, dans une bordure ovale équarrie. Sous le trait carré, on lit les signatures : *F. Sablet pinx. — C. Gaucher direxit..* et ce quatrain :

> Albion redouta son bras et son génie
> Vengeur du nom français : général et soldat
> Il sçut dompter avec éclat
> Les Anglois et la Calomnie.

Plus bas, on lit les adresses suivantes : *Se vend à Paris, chez Bligny, lancier du Roy, md d'Estampes, peintre, doreur et vitrier ; cour du manege aux Thuilleries et présentement se vend chez Basset rue St-Jacques au coin de celle des Mathurins.* Pièce grand in-f° ornée.

Le cuivre sur lequel a été gravé le portrait a été rogné à l'ovale et tiré dans un encadrement gravé sur une autre planche.

¹ MM. le baron Portalis et H. Beraldi écrivent, dans *Les Graveurs du XVIIIe siècle* (tome III, p. 789), que L. Perrot grava un paysage d'après Sablet, en 1787 et, dans la 16e livraison du *Manuel de l'amateur d'estampes* par M. Ch. *Le Blanc*, qui vient de paraître, on lit (p. 173) que L. Perrot travaillait vers 1787 et l'on cite de lui un paysage avec personnages d'après Sablet. On remarquera que l'œuvre de ce graveur se compose d'au moins deux gravures et qu'il travaillait en 1785 et 1786. M. Poussardot n'avait guère été plus exact dans son *Histoire artistique et archéologique de la gravure en France*, lorsqu'il écrivait (p. 134) que L. Perrot gravait des paysages d'après Sablet en *1787*.

Le même.

Réduction de ce portrait exécutée au trait, pour l'*Histoire de France* ; elle est signée : *Sablet pinx*. — *Landon direx*. Dimensions : H. 0ᵐ,092 ; L. 0ᵐ.068.

Portrait de Guillaume Tell.

Il est en buste, dirigé à gauche et regardant de même, dans un médaillon ovale, in-folio, gravé en couleurs. Au bas les signatures : *J. F. Sablet pinx*. — *P. M. Alix sculp* et l'adresse : *Publié à Paris chez Marie-Franc Drouhin, imprimé chez lui par Béchet*.

Portrait de Viala.

Le jeune Viala est représenté coiffé d'un bonnet noir avec bordure rouge, tenant une hache sur l'épaule : ovale formé par un serpent. Gravure en couleurs, signée : *J. F. Sablet pinx*. — *P. M. Alix sculp*. H. 0ᵐ,230 ; L. 0ᵐ.170.

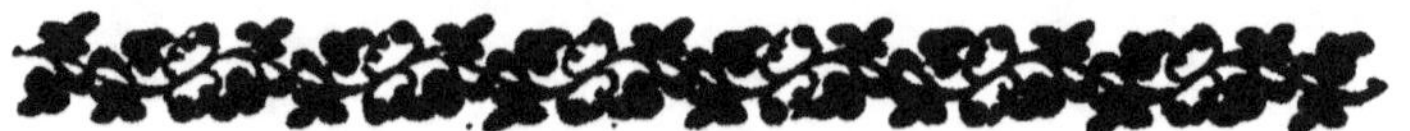

DESSINS

PROJETS DES TABLEAUX DE LA BOURSE

EXÉCUTÉS AU TRAIT DE PLUME PAR F. SABLET

Conservés dans les cartons de la Société archéologique de Nantes[1].

I. — Entrée de l'Empereur à Nantes.

Projet A. — Napoléon vient de descendre de sa voiture, qui est à la gauche du dessin et dans laquelle on aperçoit l'impératrice Joséphine ; il est debout, vu de profil à droite, la main gauche passée dans l'ouverture de son habit, sa maison militaire se tient derrière lui. Suivi des membres du conseil municipal, le maire Bertrand-Geslin s'avance vers lui, portant, posées sur un plat, placé lui-même sur un coussin, les clefs de la ville de Nantes. Au second plan, près de la voiture, des gardes d'honneur à cheval, des porte-torches et le peuple qui acclame l'Empereur. Dimensions : L. 0m.645; H. 0m.490.

Dessin très fini, lavé d'encre de Chine sur trait de plume. L'atti-

[1] Ainsi que cela se pratique ordinairement pour les grandes peintures murales et les tableaux importants, tous ces dessins sont mis au carreau.

tude de tous les personnages est bonne, naturelle et appropriée aux circonstances.

Projet B. — La scène est la même, mais elle est représentée dans le sens contraire ; en outre, l'Empereur n'a pas la main passée dans son habit : de la gauche il tient son épée et de la droite il semble engager le maire à s'avancer avec confiance ; d'autre part, le plat dans lequel sont les clefs de la ville n'est point posé sur un coussin et dans la voiture une autre dame paraît à côté de l'Impératrice. L. 0m,650 ; H. 0m,197.

Ce projet est de tous points inférieur au précédent et il n'est pas douteux qu'entre les deux la municipalité n'ait fait choix du premier.

2. — Audience donnée aux magistrats.

Projet A. — L'empereur est debout, la tête couverte, entouré des personnages de sa suite, au milieu du salon de réception de l'hôtel d'Aux : il est dirigé à droite et vu de profil ; la main gauche est posée sur la garde de son épée, tandis que, de la droite, il montre les membres du conseil municipal. Ceux-ci sont rangés à la droite du dessin et au centre apparaissent les membres du conseil de préfecture et, vers la gauche, la magistrature : tous ces personnages ont la tête nue. L. 0m, 695 ; H. 0m, 190.

Mise en scène très sobre et cependant pleine de noblesse. Le dessin très correct est touché d'encre de Chine. C'est très probablement ce projet qui aura reçu l'exécution.

Projet B. — Ce projet présente exactement la même disposition, les personnages sont dans la même attitude ; mais l'empereur est nu-tête. L. 0m, 650 ; H. 0m, 190.

Dessin assez poussé, mais bien inférieur au précédent.

Projet C. Même disposition que le précédent, avec cette légère différence que les personnages à qui l'empereur donne audience ne sont plus placés en demi-cercle, mais se présen-

lent suivant les trois faces d'un carré au centre duquel serait
Napoléon : de plus les magistrats ont la tête couverte. L.
0m,650 ; H. 0m,200.

Ce projet n'est qu'une esquisse que l'artiste aura sans doute
abandonnée.

3. — Visite de l'Empereur au lycée.

Projet unique. — Mme Normand, la femme de l'adjudant-général, est aux genoux de l'Empereur ; ce dernier
la relève de la main droite. Derrière madame Normand, on
voit le proviseur et les professeurs du lycée, et dans le fond
les élèves ; enfin, à gauche, le cheval de l'Empereur et celui
du colonel de la garde d'honneur qui l'accompagne. L. 0m,650 :
H. 0m,200.

Ce n'est qu'une ébauche imparfaite et Sablet a dû composer sur
ces données un ou plusieurs projets plus corrects ; mais c'est le
seul qui soit conservé dans les cartons de la Société archéologique.

4. — L'Empereur visitant la ville.

Projet unique. — L'Empereur est à cheval, au pas, se dirigeant vers la gauche et débouchant sur la place Graslin,
suivi de sa garde d'honneur, le sabre à la main : il se
détourne vers le commandant, tandis que de la main droite
il montre le grand théâtre, sur les marches duquel un
peuple nombreux l'acclame. L. 0m,650 ; H. 0m,198.

Projet lestement enlevé, d'un bon effet comme disposition et
comme perspective.

5. — L'Empereur s'embarque dans le yacht du commerce.

Projet A. L'Empereur donne la main à l'un des députés du
commerce pour monter dans le yacht ; il se retourne en arrière.

---

¹ Cf. *La Commune et la Milice de Nantes* par Camille Mellinet Impri-
meur (t. XI, p. 93). Détails intéressants.

sans doute pour parler aux personnages de sa suite qui sont
debout sur le quai. Sur le yacht de nombreux officiers ont
déjà pris place et les rameurs sont à leur banc. L. 0ᵐ,648 ;
H. 0ᵐ,198.

Ce dessin assez poussé, manque cependant de fini : en outre, les
personnages sont mal posés, trop roides. Nous doutons que ce
projet ait été exécuté sans modifications.

Projet B. Disposition différente dans les détails et surtout
en ceci que dans ce projet, le yacht est au premier plan,
tandis que, dans le précédent, il n'est qu'au second plan, (la
partie du moins vers laquelle l'empereur se dirige). La partie
principale du dessin est seule déterminée, le reste n'est
qu'indiqué sommairement au crayon. L. 0ᵐ,650, H. 0ᵐ,190.

Ce projet n'aura pas été continué probablement. Il y a dû avoir
un autre projet plus satisfaisant que ces deux-ci, mais nous ne
l'avons point trouvé dans les archives de la Société archéologique de
Nantes.

6. — L'Empereur approuvant le plan de la Bourse.

Projet unique. Près d'un bureau, à côté duquel se trouve
une vaste mappemonde, l'Empereur est debout, tête nue, le
corps de face, la figure de profil à gauche, montrant de la
main droite un plan que l'on déroule devant lui ; derrière ce
plan, on reconnaît l'architecte Mathurin Crucy : vers la
gauche, de nombreux personnages tous debouts. L. 0ᵐ,650 ;
L. 0ᵐ,190.

Projet non achevé, mais donnant bien cependant une idée de ce
que dut être le tableau.

Nous n'avons pas besoin d'insister sur l'intérêt de cette
suite au point de vue documentaire. Ces dessins retracent des
faits qui appartiennent à l'histoire de la ville de Nantes et
c'est aujourd'hui tout ce qui reste, comme document graphique,
sur le séjour de Napoléon Iᵉʳ dans cette ville.

Portraits dessinés par F. Sablet, pour les grisailles de Bourse, conservés dans les cartons de la Société archéologiq de Nantes. (In-folio).

1. Napoléon.

La tête seule, vue de profil à droite : il est coiffé de so chapeau légendaire avec aigrette.

Dessin à la sanguine.

2. Le même.

Même dessin, si ce n'est que le chapeau, plus simple, n'a pas d'aigrette.

Dessin à la sanguine.

3. Celles (Le baron Vischer de), préfet[1].

A mi-corps et de profil à gauche, nu-tête et vêtu d'une redingote.

Dessin à la sanguine ; beau portrait.

4. Le même.

Vu jusqu'aux épaules seulement, de profil à gauche, en redingote, la tête nue.

Estampage[2] d'un dessin au crayon noir.

5. Bertrand-Geslin, maire[3].

La tête seule, découverte ; profil à droite.

Dessin au crayon noir.

---

[1] Cf. l'*Iconographie bretonne*, par le Mis de Granges de Surgères, tome I, p. 105.

[2] Ces estampages s'obtiennent absolument comme on obtient une contre-épreuve d'une estampe fraîchement tirée. Les dessins au crayon mou se reproduisent en effet très facilement sous la presse, sur une feuille de papier légèrement trempée. Est-il besoin de dire qu'un estampage est toujours en contre-partie du dessin original !

[3] Cf. l'*Iconographie bretonne*, tome I, p. 68.

6. Mgr **Duvoisin**, évêque de Nantes.

La tête seule. découverte ; de trois-quarts, presque de profil à droite.

Dessin au crayon noir; un estampage est conservé dans la même collection.

7. De **Barey**, adjoint.

La tête seule, découverte et engoncée dans un large collet, dirigée à gauche. presque de profil.

Dessin à la sanguine : un estampage est conservé dans la même collection.

8. **Dourbroucq** (Pitor), colonel de la garde d'honneur.

De trois quarts à gauche, la tête découverte ; en uniforme, la croix de la Légion d'honneur sur la poitrine.

Bon dessin au crayon noir, auquel est joint un estampage.

9. **Brillaud-Laujardière**, conseiller de préfecture.

La tête seule. découverte: il est vu de profil à gauche. Figure émaciée mais pleine d'expression.

Dessin au crayon noir, auquel est joint un estampage. Dans les cartons de la Société archéologique se trouvent également deux épreuves lithographiques, dans le même sens et de même dimension que le dessin original. Par qui et quand ont été exécutées ces lithographies, nous ne saurions le dire, puisqu'elles ne portent aucune indication. Elles sont très jolies et fort bien réussies.

10. **Mathurin Crucy**. architecte.

La tête seule, découverte, de profil à gauche.

Excellent dessin au crayon noir, plein de vigueur et certainement de vérité.

11. **Tardiveau**, avocat.

Une honnête figure d'homme de robe. avec perruque à

marteau. Il est vu de profil à gauche, le corps jusqu'aux épaules seulement.

Dessin à la sanguine, auquel un estampage est joint.

12. **Guieman (Henri-Albert)**, président de la chambre de commerce.

Il est vu de profil à gauche, la tête inclinée.

Dessin au crayon noir, auquel est joint un estampage.

13. **Tardiveau**, avocat, président du Conseil de préfecture.

La tête seule, vue de profil à droite; figure intelligente.

Dessin au crayon noir, auquel est joint un estampage.

14. **Le Boyer (Jean)**, professeur.

Tête seule, de profil à droite.

Estampage d'un dessin au crayon noir.

15. **Châteaubourg (le père)**, peintre.

Tête de profil à gauche.

Estampage d'un dessin à la sanguine.

16. **Châteaubourg (le fils)** peintre.

La tête seule: il est vu de profil à gauche. Figure pleine d'expression.

Dessin au crayon noir, auquel est joint un estampage.

17. **Pasta**, négociant.

Un bonhomme à larges lunettes, dont les extrémités reposent sur une vieille perruque. Il est vu de profil à droite.

Dessin au crayon noir, avec un estampage.

18. **Lacmaignière**, négociant.

La tête seule: il est vu de trois quarts, presque de profil, à gauche.

Dessin à la sanguine, auquel est joint un estampage.

Tels sont les seuls dessins qu'il nous ait été donné de
reconnaître malgré toutes les recherches auxquelles nous
nous sommes livré. Est-il dommage que notre artiste n'ait
pas songé à écrire au bas de toutes ces effigies si remarquables par la facilité et l'ampleur de leur exécution, le nom
des personnages qu'elles représentaient!....

Le dossier de la Société archéologique de Nantes contient
encore quarante dessins originaux et cinquante-deux estampages auxquels on ne pourra plus désormais songer à
assigner des noms. Nous n'en faisons point le détail, il n'aurait
aucun intérêt[1].

La même Société possède encore bien des dessins, dus
au crayon de Sablet ; pour terminer la description de l'œuvre
de notre artiste, nous nous bornerons à en décrire deux,
qui sont des pièces fort remarquables.

Vue des bords du Tibre par la porte du peuple à Rome.

Sur un pont rustique, au premier plan et vers la gauche un
berger est debout, avec son chien à ses pieds : à gauche un
âne et des moutons : plus loin des bâtimens, au centre desquels
est une tour ronde peu élevée, à droite des montagnes.

Vue du pont Enola près Rome.

Un violent orage est déchaîné sur la campagne romaine ;
la nue est sillonnée d'éclairs, les arbres sont courbés par
le vent. Sur le Tibre, deux pêcheurs, dans une barque légère,
n'en pêchent pas moins à la seine, tandis que sur le pont
passe, de gauche à droite, une charrette attelée de deux
chevaux.

Ces deux dessins, qui se font pendant, sont signés dans le bas, à
gauche : F. Sablet, et leurs dimensions sont les suivantes ; L. 0m,120 :

[1] L'un de ces portraits a été lithographié par la même main qui a exécuté
la lithographie de M. Brilland-Laujardière. Nous ne savons pas davantage à
qui attribuer cette reproduction.

H. 0m,237. A l'encre de chine, sur papier bleu, avec rehauts de gouache, ils sont vraiment du plus bel effet. Autant la campagne apparaît calme et tranquille dans le premier, autant, par contre, la nature est violemment secouée par les élémens dans le second. L'artiste qui a signé ces deux pièces avait certainement étudié la nature et, qui plus est, il l'avait comprise.

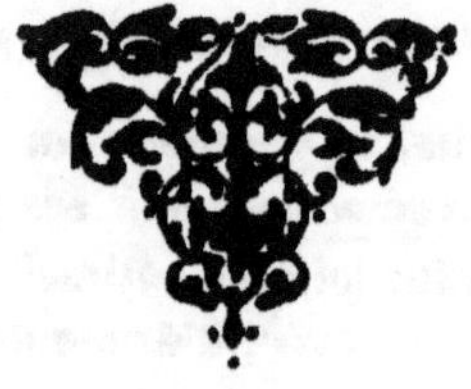

II

JACQUES SABLET

JACOB-HENRI Sablet, peintre et graveur, plus connu sous
le nom de *Jacques Sablet*[1] ou *Sablet, le jeune* et
surnommé par ses contemporains *le Peintre du Soleil*[1]
naquit, comme son père et son frère, dans la ville de Morges,
le 28 janvier 1749[2]. Il fit ses premières études à Lausanne,
sous la direction de son père, qui ne négligea rien pour lui
inspirer le goût et l'amour des beaux-arts et le destina
d'abord à la profession d'architecte. Pour lui permettre
d'acquérir des connaissances solides dans cette partie importante, il n'hésita pas à l'envoyer étudier à Lyon, de même
qu'il avait déjà placé son fils aîné à Paris, ainsi que nous
l'avons vu. Il le confia à Dubois et à Cochet, peintres décora-
teurs, qui jouissaient de la plus grande réputation. Les

[1] Voyez la note 1 p. 1

[2] Voici son acte de naissance, relevé sur les registres du Consistoire de
Morges : « Jacob-Henri, fils de Jacob Sablet, de Morges et de Suzanne
Dupuis, sa femme, né le 28 janvier 1749, présenté par Jean-Henry-Louis
de Villard, d'Aclens, demeurant à Morges et par Marie-Charlotte Dupuis de
Gimney, sœur de la mère de l'enfant, le 31 janvier 1749. » (Reg. V, f° 79, an 1749).

Nous croyons que c'est à tort que certains dictionnaires l'appellent
Sablet le Romain ; ce surnom est celui de son frère François et non point
le sien, bien qu'il ait résidé de longues années à Rome.

Comptes des États de Berne, que nous avons cités plus haut,
à propos de François Sablet, nous apprennent, en effet, que
dès, l'année 1777, il était déjà à Lyon.

Cependant Jacques ne se bornait point à étudier l'art des
Philibert Delorme, des Jean Goujon et des Pierre Lescot.
La peinture l'avait également séduit et il s'adonnait à cet art
non-seulement avec passion, mais encore avec succès.
Malheureusement, une blessure qu'il s'était faite dans son
enfance l'empêchant d'employer la main droite, il dut
s'exercer à se servir de la gauche, ce à quoi il réussit plei-
nement, car l'habitude qu'il en contracta fut telle que, malgré
qu'il pût faire autrement par la suite, il continua toute sa
vie à peindre de la main gauche.

Ses succès en peinture furent tellement rapides et son
pinceau devint bientôt si plein de promesses que son père
dut lui accorder de quitter Lyon, pour aller à Paris rejoindre
son frère François, dans l'atelier de Vien.

Le Maître accueillit parfaitement notre artiste. Il en fut
même si content que, chargé d'une mission à Rome par le
gouvernement français, il tint à s'adjoindre son jeune élève,
tout heureux, comme on peut bien penser, de cette bonne
fortune, qui allait lui permettre d'étudier la peinture dans la
capitale des arts, au milieu de tous ces chefs-d'œuvre accumulés par le génie et sous la direction d'un maître aussi
bienveillant qu'expérimenté.

A Rome, le jeune Sablet se mit passionnément à l'étude,
travaillant avec assiduité, d'après les maîtres de l'École
italienne, puisant à ces sources fécondes, non moins que
dans la contemplation du beau ciel de l'Italie, le secret de
ce coloris chaud et lumineux, qui lui valut plus tard des
suffrages si flatteurs.

Il s'efforça également, en étudiant l'anatomie, de donner à
son dessin la correction indispensable pour composer un bon
tableau. Économisant sur ses faibles ressources, il parvint
même à réunir une collection importante de figurines en

gypse et en plâtre, principalement des têtes, des figures et
des armes de la colonne Trajane, dont il faisait de gracieuses
copies au crayon.

Bientôt même il brigua les suffrages des amateurs, en exposant en vente de petits sujets de genre avec accessoires peints
à la gouache ou à l'huile et fut assez heureux pour obtenir
la faveur du public.

Enhardi par ces succès, le jeune Sablet conçut alors le
dessein d'offrir quelques-unes de ses œuvres à la ville de
Berne, qui l'avait déjà aidé de ses subsides et dont il pouvait légitimement espérer une honorable gratification pour
continuer des études dans lesquelles il réussissait si bien.
Le Conseil de Berne ne crut pas devoir accepter les offres
de notre artiste: cependant, le 11 janvier 1770, il alloue
encore à Jacques Sablet, père, un subside de cent écus pour
lui faciliter la continuation des études du jeune Sablet à
Rome et, le 30 novembre suivant, ce même Conseil adressait
à M. Manuel, président du Conseil d'éducation à Lausanne,
qui s'était employé pour les Sablet, une lettre ainsi conçue : « Le gouvernement ne compte pas accepter le tableau
« du jeune Sablet dont le sujet est tiré du vers 566 et
« suivans du second livre de l'Énéide[1], ni l'offre qu'il fait
« de peindre pour leurs Excellences un tableau représentant
« le temple des arts libres, dans lequel se trouve la ville
« de Berne, représentée allégoriquement protégée par le bou-
« clier de la déesse Minerve, mais il alloue pour la continua-
« tion de ses études de nouveau la somme de cent écus. »

Ce refus ne découragea point Jacques Sablet, qui considéra,
non sans raison, que le nouveau subside qui lui était

[1]
*Iamque adeo super unus eram, cum limina Vestae
Servantem et tacitam secreta in sede latentem
Tyndarida aspicio;......*

C'est l'épisode dans lequel Virgile représente Énée voulant tuer Hélène
mais en étant empêché par la déesse Vénus.

accordé était une preuve de plus de la confiance que ses compatriotes avaient placée en lui et il continua avec une nouvelle ardeur le cours de ses études.

Plus tard, il parvint cependant à faire accepter par le gouvernement de Berne le second de ces deux tableaux. Les registres du Conseil de cette ville contiennent, en effet, la note suivante à la date du 10 avril 1781 : « Comme leurs Excellences ont daigné accepter le tableau du jeune Sablet pour le placer dans la Bibliothèque, il lui a été alloué comme récompense une somme de cent écus. »

Ce tableau est encore aujourd'hui, comme dessus de cheminée, dans la Bibliothèque de la ville de Berne. Sa hauteur est de 8 pieds bernois* et sa largeur de 6. On y voit Minerve tenant par la main une femme, qui représente la ville de Berne, et plaçant sous sa protection la peinture, assise une palette à la main et la sculpture occupée à terminer une statue. La ville de Berne, au-dessus de laquelle s'élève le temple des arts, est entourée du cortège des Muses. A l'arrière-plan se dessinent les trois Grâces sur une sorte d'autel.

Cette toile est trop chargée et le sujet est rendu avec un peu de confusion ; en outre, les figures ne sont pas dessinées avec toute la noblesse désirable, et quelques incorrections de dessin trahissent encore la main inexpérimentée d'un élève ; cependant, la partie technique et le coloris, ce coloris qui sera toujours le triomphe de Jacques Sablet, ont droit aux éloges de la critique.

Tout en cultivant la peinture, Sablet ne laissait pas de s'adonner également à la gravure, et nous aurons occasion de décrire plus loin toute une série d'eaux-fortes, dues à sa pointe vigoureuse, et exécutées à Rome en 1788.

En 1788, Jacques Sablet s'était déjà fait un nom dans la capitale des arts : les critiques ne dédaignaient pas de parler

---

* Le pied bernois est un peu moins grand que l'ancien pied de France. Ce tableau mesure donc environ 2m,50 de hauteur sur 1m,80 de largeur.

de ses œuvres, et Fiorillo cite parmi ses chefs-d'œuvre les toiles ayant pour titre : *Une Fête de Paysans*, le *Colin-Maillard* et une *Danse napolitaine*, tableaux dans lesquels, ajoute-t-il, le coloris est digne d'admiration, mais dont le dessin laisse encore un peu à désirer.

Entre temps, il faisait à Rome de bonnes et précieuses connaissances dans le monde des artistes et parmi les personnages à qui la fortune a départi ses faveurs et qui s'honorent, à l'instar de Mécène, en couvrant de leur bienveillante protection ceux qui cultivent les arts. C'est ainsi qu'il se liait d'amitié avec François Cacault[1], ambassadeur à Rome, artiste lui-même, artiste doublé d'un collectionneur émérite et avec le cardinal Fesch, qu'il compta toujours au nombre de ses admirateurs et de ses protecteurs les plus zélés.

Il crut alors le moment venu de concourir pour le grand prix de Rome et il envoya au concours, pour l'année 1791, ce tableau dont le sujet était tiré de l'Énéide, qu'il avait offert précédemment à la ville de Berne, comme nous l'avons dit.

Il remporta le second prix, ainsi que le prouve un diplôme conservé dans les archives de la Société archéologique de Nantes. Cette pièce officielle est ainsi conçue : « PITTURA. SECONDO PREMIO. *Giacomo Sablet Svissero dell cantone di Berna. Si troverà nell Salone di Campidoglio il di 19 ad ore 2 s (sera) per ricevere la medaglia*[2]. »

---

[1] Cacault (François), né à Nantes le 10 février 1743, était fils d'un simple entrepreneur des travaux de pavage à Nantes, il parvint aux plus hautes situations. Amateur éclairé des arts, il avait réuni de nombreuses collections de tableaux, sculptures, estampes, qui sont devenues la propriété de la ville de Nantes. Il mourut le 5 octobre 1805. [Cf. la notice que nous lui avons consacrée dans notre *Iconographie nantaise*, t. I, p. 911.]

[2] « PEINTURE. Second prix. *Jacques Sablet, citoyen Suisse du canton de Berne. Il se trouvera au Salon de Campidoglio le 19 à 2 heures de l'après-midi pour recevoir la médaille.* »

Ce diplôme est placé au centre d'un gracieux cartouche, gravé au burin et composé de palmes de chêne et de laurier, de couronnes et d'attributs divers des Beaux-Arts. Dans le haut, sur une banderolle, se lit la devise ÆQUA POTESTAS et, dans le bas, sur une tablette, la légende : NON

Ce qu'est devenue cette toile, nous ne saurions le dire ; mais ce que nous savons, c'est que le prix qu'elle fit obtenir à notre artiste ne contribua pas peu à augmenter sa réputation et à donner à son nom la renommée à laquelle il aspirait. C'est en réalité de ce concours que date l'ère de ses plus grands succès. Et cependant, nous ne saurions assez le répéter, c'est surtout comme peintre de genre et comme paysagiste que Sablet se fit un nom et nullement comme peintre de tableaux historiques ou allégoriques, ce genre convenant beaucoup moins à la nature spéciale de son talent.

Il paraîtrait, si l'on en croit les traditions que, peu après, Sablet fit don à la ville de Berne d'un nouveau tableau représentant la Justice et que, à cette occasion, le Conseil lui offrit un don considérable en argent, une épée d'honneur et un banquet, auquel assistèrent toutes les autorités de la ville.

C'est ainsi qu'une noble cité s'honore en récompensant les artistes laborieux et excite une généreuse émulation parmi les jeunes gens qui se livrent à l'étude des arts !

On ne sait où se trouve aujourd'hui ce tableau, qui ne figure dans aucune des collections de la ville de Berne. Quant à l'épée, M. Guéroud, dans ses notes, affirme l'avoir vue : elle était alors la propriété de M. Jacques Régamey, à Lausanne ; il nous apprend que c'était une arme élégante, à la poignée ciselée, sur laquelle se voyaient les armoiries de la ville de Berne et le chiffre de Sablet gravé sur un écusson de nacre.

Vers l'année 1794, Jacques Sablet quitta Rome, où il avait

CORONABITUR NISI QUI LEGITIME CERTAVERIT, formule qui devrait être celle de tous les concours. Au bas de cette tablette, vers la gauche, on voit le nom du dessinateur : *Preciado inv.* (François Preciado, peintre de l'École espagnole, naquit à Séville en 1713 et y mourut en 1789) et, tout au bas de la planche, également vers la gauche, la signature du graveur : *J. Ottaviani inc.* (Jean Ottaviani, graveur au burin, naquit à Rome en 1735. Il fut élève de Wagner, travailla à Venise et à Rome et mourut vers 1808).

résidé près de vingt ans, s'inspirant par une pratique
constante de la manière des maîtres qui sont la gloire de la
cité romaine.

Il revint se fixer à Paris, où Vien, son maître, était revenu
lui-même, dépouillé par la Révolution des places qu'il
occupait dans la ville éternelle, mais devant bientôt recevoir
du Premier Consul des titres plus flatteurs et une position
supérieure[1].

À peine de retour à Paris, notre peintre se maria ; mais
onze mois après il se sépara de sa femme. De cette union
était née une fille, qui épousa dans la suite M. Lafond, doc-
teur en médecine, directeur en chef de l'hospice des femmes
incurables à Paris.

Vers la même époque, il avait obtenu une pension du
gouvernement français et un logement au Louvre, faveur très
recherchée par les artistes au dix-huitième siècle. Il y
continua à cultiver son art favori, exposant à tous les Salons
de Paris, ainsi que les livrets en font foi depuis 1791. Il ne
fut distrait dans ses travaux que par le voyage qu'il fit en
Espagne, dans la suite de Lucien Bonaparte, à qui il avait
été vivement recommandé par le Cardinal Fesch et qui avait
été envoyé en ambassade dans ce pays

Outre le prix qu'il remporta à Rome notre artiste obtint
encore, après le Salon de 1795, un prix de quatre mille francs,
ainsi que nous l'apprend M. Albert de Montet dans son
Dictionnaire biographique des Genevois et Vaudois (Lausanne, 1878).

Il mourut à Paris, d'une attaque d'apoplexie, le 4 avril 1803.

S'il est hors de saison de prononcer le mot génie en parlant
des œuvres de Jacques Sablet, on doit au moins reconnaître
qu'il fut un artiste d'un grand talent et surtout, ce qui mieux
est peut-être, d'un talent absolument personnel. On peut

[1] Il fut nommé membre du sénat conservateur, puis commandant de la
Légion d'honneur et créé comte.

dire avec Nagler, dans son *Allgemeiner Kunstler Lexicon*, qu'il compte parmi les meilleurs peintres de son temps. Il étudia les grands maîtres, mais il étudia surtout la nature, cette inspiratrice souveraine et il sut la rendre avec vérité. Un coloris chaud, vigoureux, n'excluant pas une touche délicate, lui valut de ses compatriotes le surnom particulièrement enviable de *Peintre du Soleil* et le grand Gœthe lui-même, dans *Winkelmann et son Siècle*, n'hésite pas à reconnaître que quelques-unes de ses riches scènes empruntées à la vie romaine se recommandent par un faire habile et par l'agrément des coloris et qu'elles sont pleines de vigueur et de charme tout à la fois.

Plusieurs notices ont été publiées sur Jacques Sablet, soit de son vivant, soit après sa mort : tous les auteurs de ces articles s'accordent à reconnaître son talent et à louer la grâce et la vigueur de son pinceau. Nous extrayons les lignes suivantes d'une notice anonyme publiée dans le *Journal littéraire de Lausanne* du mois de décembre 1793 : « Grand
« dessinateur, Jacob Sablet ébauche avec une facilité rare
« et pleine de feu. Sa couleur est vigoureuse et quoi qu'il
« finisse ses morceaux avec amour, ils conservent la fran-
« chise et la fraîcheur d'une production faite du premier
« coup. J'ai vu de lui plusieurs portraits d'une ou plusieurs
« figures en pied, de la proportion de huit à dix pouces : ce
« sont des tableaux précieux, pleins d'expression, qui ont
« une grâce, une naïveté délicieuse, où toutes les parties de
« la peinture sont traitées d'une égale force : draperies,
« architecture, paysage. Il sait y placer à propos des mor-
« ceaux antiques du meilleur choix. Peu de temps avant de
« quitter Rome, il fit le portrait de la princesse Borghèse,
« dans le genre dont je viens de parler. Elle se promène
« dans sa délicieuse Villa, avec ses deux fils et s'avance
« auprès d'un bateau, qui l'attend au bord du joli lac qui
« fait un des ornemens de cette belle campagne. On ne peut
« rien ajouter à la grâce qu'il a su répandre dans ce mor-

« eau. » Le passage suivant de la *Feuille du Canton de
Vaud* de l'année 1801, nous semble encore intéressant, parce
qu'il met bien en évidence le talent spécial de notre artiste[1] :
« Jacques Sablet excellait surtout à rendre les effets de
« lumière et se jouait avec succès des plus grandes difficultés
« en ce genre. Je me souviens de lui avoir vu peindre un
« alchimiste devant un fourneau allumé qu'il soufflait ; les
« rayons du soleil entrant par une croisée portaient sur le
« feu ; u.. autre effet de jour naissait d'une porte ouverte, et
« toutes ces lumières se croisaient sans se confondre,
« produisaient chacune leur ombre propre et cela sans aucun
« papillotement............ »

D'une notice insérée dans *Les Nouvelles des Arts* de
Landon par l'habile graveur Charles-Etienne Gaucher
nous extrayons encore les lignes suivantes, dont l'intérêt ne saurait échapper à nos lecteurs : « On ne doit
« pas négliger de faire une remarque qui est tout entière à
« l'avantage de cet artiste ; c'est que Sablet n'a jamais vu
« l'école de Venise, ni celle des Flandres, et c'est cependant
« à son coloris chaud, vigoureux et de la plus grande vérité
« qu'il doit particulièrement sa réputation ; il avait reçu de
« la nature le talent de la voir dans toute sa beauté, d'en
« choisir les plus heureux effets ; et dans cette partie essen-
« tielle de la peinture, je ne sais s'il a été surpassé. »

Enfin, pour clore cette série d'éloges, nous ne croyons
pouvoir mieux faire que d'invoquer le témoignage d'un critique d'art contemporain, sur la compétence duquel il serait
superflu d'insister : nous avons nommé M. le marquis de
Chennevières, membre de l'Institut, inspecteur des musées
nationaux.

Consulté par M. Armand Guéraud sur la valeur d'un tableau de Sablet conservé au musée du Louvre, il répondit

---

[1] Cet article n'est pas signé ; mais la précision des détails techniques lui
donnent, à notre avis, un réel intérêt.

en ces termes : « Le tableau représente la campagne de Rome
« dans toute l'aridité de son désert. Ce n'est qu'une suite de
« mamelons sans arbres, sans verdure, sans habitation :
« mais au premier plan, à l'ombre d'un grand arbre qui me
« paraît un châtaignier, quatre paysannes romaines sont
« assises à terre et jouent ; une cinquième, debout, regarde
« jouer ses compagnes. La chaude lumière dont toute la
« toile est inondée justifie le surnom de *Peintre du Soleil* que
« ses contemporains donnent à ce peintre. C'est, je dois le
« dire, une excellente peinture, d'une couleur fine et char-
« mante de touche ; et s'il fallait la rapprocher des œuvres
« d'un autre interprète plus célèbre de la nature italienne,
« je dirais que les paysages de Léopold Robert ont un ca-
« ractère plus élevé, mais que ceci a plus de charmes et est
« peut-être plus d'un peintre. »

Toutes ces appréciations plus que flatteuses nous auto-
risent à dire que le nom de Jacques Sablet fait le plus grand
honneur à notre grande école française et qu'il méritait à
tous égards d'être tiré de l'oubli. Le catalogue de ses œuvres,
qui va suivre, et dans lequel nous aurons à introduire
divers fragmens émanant de critiques, pour la plupart auto-
risés, confirmera notre dire et fera mieux apprécier que tout
ce que nous pourrions écrire, le genre de talent de notre
artiste.

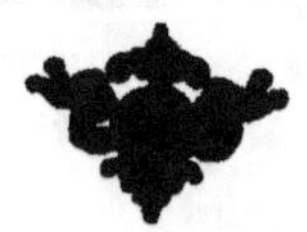

CATALOGUE

DE L'ŒUVRE DE JACQUES SABLET

PEINTURES

TABLEAUX CONSERVÉS DANS LES COLLECTIONS PUBLIQUES

Paysage orné de figures et de troupeaux.

Toile. H. 0m,60; L. 0m,92. — Au Musée du Louvre.

La description de ce tableau par M. de Chennevières, que l'on vient de lire, nous dispense d'en parler davantage.

Après son acquisition par l'État, ce tableau fut placé au ministère des finances, puis à Saint-Denis, à la Légion d'honneur; il figura ensuite au musée du Louvre, dans la salle dite des séances. Depuis une vingtaine d'années, son mauvais état l'on a fait retirer et il est aujourd'hui conservé dans les bureaux de l'administration : il est malheureusement percé de deux trous grossièrement bouchés et la toile est fendue dans sa largeur. Tous les amis des arts souhaiteront que la direction des Musées nationaux fasse pour cette toile les frais d'un rentoilage qui permettrait de mettre sous les yeux du public une œuvre véritablement digne d'estime.

Un Vieillard assis et lisant.

Toile. H. 0m,52; L. 0m,44. — Au Musée de Nantes.

Il est assis sur une chaise, vu de profil à gauche, la jambe droit ; croisée sur la gauche, qui doit être blessée, car elle est enveloppée de bandages. Son vêtement : une vieille houppelande toute rapiécée. Au premier plan, vers la gauche de la toile, une jarre, un vase, et, plus loin, une caisse avec un paquet, le tout posé à terre.

Ce tableau provient de la collection Cacault ; il fut acquis, en 181?, lors de la vente après décès, au prix de 77 francs.

On s'est demandé si ce n'était pas cette toile qui avait figuré au Salon de 1796 (n° 1?7) sous le titre : *Le Lecteur*.

Laveuses italiennes.

Toile. H. 0m.2? ; L. 0m.33. — Au Musée de Nantes.

Des lavandières travaillent et... bavardent dans une vaste cour bordée d'édifices divers. A gauche, sur un petit pont, un homme guidant un cheval blanc.

Ce tableau qui provient également de la collection Cacault, est signé à droite, dans l'angle inférieur : *J. Sablet*.

Les vendanges en Italie.

Toile. H. 0m.?9 ; L. 0m.6?. — Au Musée de Nantes.

Les vendangeurs sont montés sur de hautes échasses, afin d'atteindre les grappes de raisins aux vignes qui ont grimpé le long des grands arbres ; les grappes réunies dans des corbeilles sont placées sur le dos d'un âne. Dans le fond, à gauche, on aperçoit la campagne.

Tableau provenant de la collection Cacault ; dans l'inventaire il fut estimé 1?0 fr.

La salle des Cinq-Cents à Saint-Cloud le soir du 18 brumaire an VIII.

Toile. H. 0m.?7 ; L. 0m.6?. Au Musée de Nantes.

La scène se passe dans la salle de l'Orangerie à Saint-Cloud, éclairée de quinquets fumeux accrochés aux murs.

Le gouvernement vient d'être changé : Lucien Bonaparte est à la tribune, proclamant les noms des trois consuls, le général Bonaparte, Siéyès et Roger-Ducos, que l'on voit assis en face du Président. Non loin d'eux, les généraux Serrurier et Augereau sont assis, tandis que les généraux Murat et Leclerc, entourés de plusieurs officiers, se tiennent debout. La porte de la salle est gardée par des grenadiers l'arme au bras.

M. le comte Clément de Ris, ancien conservateur du Musée de Versailles, qui a laissé en mourant la réputation d'un critique d'art sagace et expérimenté, a écrit sur ce petit tableau les lignes suivantes, qui rendent avec autorité le sentiment que nous avons éprouvé nous-même en le considérant : « Parmi les toiles de « Jacques Sablet conservées au Musée de Nantes, il en est une fort « curieuse : elle représente l'intérieur de la salle des Cinq-Cents « à Saint-Cloud dans la soirée du 18 brumaire an VIII. C'est une « pochade brossée évidemment au sortir de la scène, peut-être « même pendant la scène, par un témoin oculaire et tout chaud « encore de ce qu'il vient de voir. Sablet, en effet, s'est représenté « dans un groupe, à gauche dans le coin, donnant le bras à la « sœur du général Bonaparte, la belle Pauline, mariée alors au « général Leclerc. Quelques mauvais quinquets éclairent la salle, « qui était, on le sait, celle de l'Orangerie de Saint-Cloud, appro- « priée à la hâte depuis la veille. La scène n'est pas celle de l'éva- « cuation de la salle, mais celle qui suivit, alors que ses partisans « politiques et ses compagnons d'armes vinrent se ranger autour « du jeune général. C'est, je le répète, une pochade brossée en « deux heures, d'une touche fiévreuse et qui n'hésite pas, d'une « couleur chaude, harmonieuse et soutenue, mais surtout un docu- « ment historique d'un grand intérêt et je m'étonne qu'on n'ait pas « encore songé à la reproduire en eau-forte. Une gravure de ce « tableau aurait, je crois, du succès. » (*Le Musée de Nantes*, par Clé- ment de Ris, dans *La Revue universelle des Arts*, tome XVIII, p. 80-81).

Ce tableau fut acquis à la vente Cacault, en 1811, au prix de 155 fr. Comme presque toutes les toiles de Sablet, il est malheureusement craquelé ; de plus, les bitumes des dessous sont sortis de la couleur et ont poussé à la surface.

Portrait de François Cacault.

Toile. H. 0m.80 l.?; L. 0m.??, Figure 0m.??. — Au Musée de Nantes.

Le chargé d'affaires de la France près du Saint-Siège est représenté debout dans un parc, tenant dans la main droite une paire de lunettes et dans l'autre un livre à tranches rouges. Vu de trois quarts à gauche, il regarde de face. Habit brun, avec les insignes de la Légion d'honneur.

Ce tableau provient également de la collection Cacault.

Le père et la mère de Sablet posant dans son atelier.

H. 2 pieds, 3 pouces vaudois ; L. 3 p., 3 p. vaud. — Au Musée de Lausanne.

Jacob Sablet, qui tient le bras de sa femme, semble converser avec elle; devant eux est un chevalet avec une toile: derrière, se tiennent deux personnages, tandis qu'à côté, Jacques Sablet, coiffé d'un chapeau à bord relevé d'un côté, est occupé à broyer des couleurs. Dans le fond, des statuettes, des tableaux, des esquisses et tous les accessoires ordinaires d'un atelier de peinture; à terre, appuyé contre un meuble, un portefeuille sur la couverture duquel on lit la signature : *J. Sablet 1781.*

Personnages divers vêtus de costumes anciens.

H. 1 p. 6 p. 3 lgn. vaud.; L. 1 pied 1.2 vaud. — Au Musée de Lausanne.

C'est une esquisse, dont le fond représente un ancien édifice. On y relève l'inscription suivante : « *Esquisse par Sablet peintre vaudois donnée par M. Ambrosi, ancien Directeur du musée Rath à Genève.* »

Allégorie de la ville de Berne.

Dans la notice biographique qui précède, nous avons décrit ce tableau avec suffisamment de détails pour n'être pas obligé d'y revenir ici. Que le lecteur veuille bien s'y reporter.

Une copie de ce tableau par Sablet se trouve aujourd'hui au Musée de Lausanne. Dimensions : L. 0m.45 ; H. 0m.31.

TABLEAUX EXPOSÉS AUX DIFFÉRENTS SALONS DE PARIS[1]

SALON DE 1791[2].

Nº 38. Scène familière.

114. Paysage orné de figures et d'animaux

> « Nº 162. Paysages et figures par M. Sablet. De la chaleur, de la vigueur, une main hardie, un beau style. » (Explications et critiques impartiales de toutes les peintures, sculptures... par M. R... citoyen patriote et véridique[3]. Paris, 1791. in-8º; p. 234.

> « Nº 163. D'un bon ton local, dans le style de Jean Both[4], peint sans facilité. » (Salon de peinture. 1791. in-8º. p. 20.

SALON DE 1793[5].

Nºˢ 252 et 117. Le costume et une famille d'Albane.

SALON DE 1795.

Nºˢ 113 bis. Portraits d'homme et de femme, sous le même numéro.

114. Un père de famille dans un jardin anglais avec ses deux enfants.

115. Une bacchante.

116. Un officier de dragons au milieu du camp.

117. Portrait de C. Chaanard, en porteur d'eau. Et plusieurs tableaux sous le même numéro.

> « SABLET aîné. Nº 662. Finesse encre et fondu. Les amateurs se disputeront toujours à l'envi les uns des autres ces charmants petits tableaux que l'œil ne se lasse d'admirer. »

[1] Après l'indication du titre des tableaux exposés reproduit tel qu'il est porté au livret officiel, avec les annotations qui peuvent suivre, nous plaçons en petit texte, lorsqu'il y a lieu, les discours critiques publiés à l'époque, en indiquant exactement les sources auxquelles elles ont été puisées.

[2] En 1791 et en 1793 Sablet était encore à Rome.

[3] Philippe Chéry, peintre, élève de Vien (1759-18..). Cf. Quérard, Dictionnaire des ouvrages anonymes; dernière édition, colonne 391.

[4] Jean Both, peintre paysagiste de l'école hollandaise (17e siècle).

[5] Le titre du Livret de ce Salon porte que les ouvrages sont exposés au Salon du Louvre par les artistes composant la commune générale des arts, le 10 août 1793, l'an 2e de la République française, une et indivisible.

SALON DE 1795[1].

N° 410.   Le Colin-Maillard.

Voyez la description de ce tableau, plus loin, sous les n°° 426-430 du catalogue des tableaux de la galerie du cardinal Fesch.

411.   Les premiers pas de l'enfance.
412.   Il marchande (L'enfant mourant); pendant du précédent.
413.   Le réveil. Costumes de Frascati.
414.   Les joueurs d'osselets.
415.   La sieste.
416.   Le siesta.
417.   Le lecteur[2].
418.   Trois têtes d'après nature.
419.   La diseuse de bonne aventure.

C'est probablement le n° 427-1786 du catalogue de la galerie du cardinal Fesch. Voyez-en plus loin la description.

420.   Un soleil couchant.

SALON DE 1798.

N° 351.   Portrait du C***, membre actuel du Corps législatif. Tableau allégorique.

La mer est agitée, le soleil annonce l'approche du calme. L'acteur unique de cette scène, s'éloigne des tombeaux où il a gémi sur le sort de ceux qu'il a perdus par l'effet de la Révolution ; il lit une inscription tracée sur une colonne milliaire et paraît en goûter la leçon (Note du livret.)

[1] La Serre (François-Joseph de), peintre, graveur et littérateur, né au château de la Serrie (Vendée), le 28 août 1776, mort le 6 février 1832.

[2] « Dans les tableaux suivants les costumes et les sites sont d'Italie. » (Note du livret).

355. Le Colin-Maillard peint à Rome en 1790.
356. Portrait de G*** visitant le tombeau de son père avec son épouse.
357. Une diseuse de bonne aventure.
358. Une mère donnant une marotte à son enfant,
359. La tricoteuse, la couseuse. Pendans et autres sous le même numéro.

SALON DE 1799.

N° 280. Un tableau représentant la Tarentelle, danse napolitaine.

(Largeur : 2 mètres ; Hauteur : 1 mètre 34).

« Damon. — *J'aperçois là-bas un tableau digne de fixer les regards.*

Le peintre. — *Il est de Sablet. Ce tableau a du mérite ; la couleur en est vraie ; les groupes se détachent avec facilité ; j'y remarque aussi quelques parties assez bien dessinées, mais d'autres horriblement. Ces caractères de tête sont sans noblesse ; ces ombres percent souvent avec le fond, parce qu'elles sont trop diaphanes. Pour le terrain il est trop rougeâtre et se confond quelquefois avec la couleur des chairs.*

Damon. — *Je crois pourtant que la masse des talens l'emporte sur les défauts.*

Le peintre. — *Ce que vous dites est vrai.....* » (*La Revue du Muséum ou nouvelle critique des peintures et sculptures exposées au Salon des Arts en l'an 7. Paris, an VII ; in-8° de 32 p., p. 25).*

« N° 280. Par le citoyen Sablet. Un tableau représentant une danse napolitaine ; cet excellent paysage est un des meilleurs de cet artiste ; le coloris en est brillant et vrai, quoiqu'un peu cru quelquefois. Il y a de l'air et de la lumière....... » (*Examen du Salon de l'an VII*, publié dans le *Journal des Arts, de la littérature et du commerce*, N° 11, 25 fructidor an 7).

281. Portrait d'un ami de l'auteur.
282. Tête grandeur nature. Portrait.
283. Portrait de C. Vaume.
284. Deux portraits en pied, sous le même numéro.

SALON DE 1800.

N° 348. Deux portraits dont l'un de famille.

SALON DE 1802.

N° 258. Le départ d'un officier de la 20e demi-brigade légère.

Il est dans une maison de plaisance située sur le bord de sa route ; toute sa famille y est rassemblée. C'est le moment où son corps vient le prendre et où il reçoit les adieux de ce qu'il a de plus cher (Note du Livret).

« N° 258. DÉPART D'UN OFFICIER DE LA VINGTIÈME DEMI-BRIGADE LÉGÈRE. — Le peintre a représenté un banquet de famille, dans un grand péristyle qui donne sur le bord d'une route. Elle est rassemblée pour faire les adieux au fils de la maison, dont le régiment part et qui doit le prendre à son passage. Le moment saisi par le peintre est celui où l'on aperçoit déjà défiler la brigade et l'instant où ses camarades lui amènent son cheval.

« Ce tableau est à la fois plein de mérite et de défauts. Son ton brillant, qui séduit au premier aspect, est pourtant verdâtre et tous les objets, chaises, draperies, meubles ont l'air d'être vitrifiés. Maintenant parlons des beautés : la vigueur et la précieuse exécution des linges, des draperies le disputent aux plus habiles peintres flamands. La scène est bien entendue et chacun des personnages est dans l'action qui lui convient. Le fond est éclairé par le soleil brûlant du midi. Cette brigade qui défile produit un effet agréable, elle enrichit et anime bien cette partie du tableau.

« Cet ouvrage, une des plus grandes compositions que le citoyen Sablet ait faite, ne peut, malgré nos observations, que maintenir sa réputation d'un de nos meilleurs peintres de genre. Cet artiste a d'autant plus de mérite, que sa manière est originale et porte un caractère si distinctif, qu'elle laissera son nom à ses productions. » (*Examen des tableaux exposés au Salon de l'an X publié dans le Journal des Arts, des sciences et de la littérature* N° 232, 20 vendémiaire an XI — 11 octobre 1802, p. 125).

N° 259. Un jeune villageois qui vient de s'engager et qui arrive dans sa famille.

On voit sur son visage les sentimens de la nature mêlés à ceux de l'amour pour la patrie, qui lui fait abandonner tout pour sa défense. (Note du livret).

Ce tableau fait à Rome en 1790, pour M. Potier, bourgmestre de Lausanne, fit partie de la collection du cardinal Fesch. (Voyez plus loin).

SALON DE 1804.

N° 413°. Une Bacchante.

> « Les derniers tableaux de Sablet suffiraient seuls pour mettre le sceau à sa réputation, particulièrement une bacchante et son pendant, figures grandes comme nature, et dans lesquelles le coloris le plus brillant, le plus vrai et l'effet harmonieux ne laissent rien à désirer. » (Boucher, dans *Les nouvelles des arts de Landon*).

TABLEAUX

QUI FAISAIENT PARTIE DE LA GALERIE DU CARDINAL FESCH, ARCHEVÊQUE DE LYON

425 — 109. Le départ du Conscrit.

Toile. H. 1m ; L. 1m,10.

Un jeune homme qui paraît avoir été enrôlé par surprise, vient, suivi du recruteur, prendre congé de sa famille. Debout, montrant son enfant couché sur les genoux de sa femme qui se détourne de lui avec effroi et douleur, il semble déplorer le sort de cette pauvre petite créature et implorer en son nom le pardon de la faute qu'il a commise. Une autre femme, peut-être sa mère, et une bonne vieille, son aïeule sans doute, s'avancent vers lui en pleurant.

426 — 110. Le Colin-Maillard.

Toile. H. 1m,05 : L. 1m,30.

---

1 Dans ce livret on lit la mention : *Sablet (Jacob), le jeune, mort à Paris depuis 10 mois.*

2 Ce chapitre est extrait du catalogue publié sous ce titre : *Galerie de feu S. E. le cardinal Fesch. Catalogue raisonné par George, peintre-commissaire-expert du musée royal du Louvre, 2e et 3e partie. In-8°. 1844.*

Au milieu d'un jardin décoré de statues et de grands
arbres et qui paraît dépendre d'une charmante villa dont
l'étendue occupe tout le fonds du paysage, une foule de
jeunes napolitains des deux sexes prennent part aux plaisirs
d'une fête champêtre. Les uns jouent au colin-maillard,
excités par un orchestre composé d'un guitariste et de deux
femmes qui font résonner leurs tambours de basques, se
livrent à la danse : d'autres forment une ronde autour d'un
mât de cocagne dont la tête est ornée d'une double couronne
de fleurs ; enfin quelques-uns, paisibles spectateurs, se con-
tentent du plaisir des autres.

Composition où l'on compte plus de trente figures.

427 — 1786. La Devineresse.

Toile. H. 0m,67 : L. 1 m.

Dans l'intérieur d'une chambre basse, d'un aspect étrange,
une jeune et élégante paysanne italienne est venue, accom-
pagnée de son mari et de ses enfans, pour consulter une
vieille devineresse. Celle-ci, assise sur une chaise de bois et
tenant sur ses genoux un gros livre chargé de signatures
cabalistiques, s'est emparée de la main de sa charmante
cliente et paraît méditer profondément sur les signes qu'elle
y découvre. La villageoise attend avec anxiété la prophétie,
mais son mari, plus inquiet encore, se mord le doigt de son
imprudente démarche. Quant aux deux petits enfans, ils
se sont jetés dans les bras de leur mère qui, tout en regardant avec effroi la vieille sorcière, s'est baissée pour les
accueillir. A l'exception d'un paysan qui joue avec un petit
garçon assis sur un âne déjà chargé de deux paniers, et, si
l'on veut, de l'âne lui-même, qui mange tranquillement son
foin, tous les personnages concourent activement à l'intérêt
de cette scène.

428 — 1786. Éducation de Bacchus.

Toile. H. $0^m,67$; L. 1^m.

Près d'un lit de repos sur lequel une nymphe mollement étendue tient dans ses mains un tambour de basque, deux autres nymphes sont occupées à faire boire un jeune Bacchus assis sur un piédestal de marbre blanc. Au pied de la statue du dieu Terme, deux enfants, dont l'un est à cheval sur un vieux bouc, s'amusent à jouer avec des guirlandes de pampre vert. Plus loin et dans un enfoncement, des bacchantes dansent en rond devant un temple. Dans le fond, une campagne traversée par une ligne d'aqueducs.

429 — 1730. Une petite fille morte.

Panneau. H. $0^m,50$; L. $0^m,60$.

Dans une galerie soutenue par trois colonnes, quatre personnes, plongées dans la douleur, entourent un cénotaphe sur lequel repose le corps inanimé d'une toute jeune fille.

430 — 830. Une Académie.

Toile. H. $1^m,75$; L. $0^m,30$.

Un guerrier debout et le casque en tête, tient d'une main une hache d'armes dont le fer pose à terre, et de l'autre s'appuie sur son bouclier. Une peau de lion est jetée sur ses épaules.

Nous répéterons ici, dit le rédacteur du Catalogue, ce que nous avons déjà dit de Sablet dans notre premier Catalogue : ses sujets sont si bien choisis, ses compositions si heureusement variées, qu'un nouvel intérêt s'attache à chacun de ses ouvrages. D'un autre côté, le bel arrangement et la grande diversité de ses costumes, donnent encore à ses tableaux quelque chose d'attrayant qui, de son vivant même, les faisait très rechercher.

TABLEAUX

CONSERVÉS ACTUELLEMENT CHEZ M. CRUCY, ARCHITECTE A NANTES

Portrait de Mathurin Crucy.

Toile. H. 0m,61 ; L. 0m,50.

Il est représenté debout, en tenue de travail, un compas et une règle dans les mains, dressant un plan, dans un paysage de convention. Peinture signée : *J. Sablet.*

Portrait de Mme Mathurin Crucy, (née Marie-Françoise Leroux).

Toile. H. 0m,61 ; L. 0m,50.

Elle est représentée debout avec sa fille, toute jeune encore ; elle est presque de face, le bras droit appuyé sur une colonne carrée, surmontée d'un vase de fleurs. L'enfant, debout, vers la gauche, est vue de face, lisant un cahier de musique. Au bas la signature : *J. Sablet, en 6 à Nantes.*

Ces portraits, qui se font pendant, sont deux jolies pièces fort agréables.

Portrait de Antoine Crucy, avec sa femme et son fils Antoine.

Toile. H. 0m,75 ; L. 0m,67.

Dans la campagne, Antoine Crucy est adossé à une fontaine, derrière laquelle se voit un fût de colonne ; il est à la gauche du tableau, regardant son fils, un enfant de 8 à 10 ans, qui tient à la main un nid qu'il vient de trouver. Mme Crucy, la main droite posée sur l'épaule de son mari, regarde également son enfant.

Cette peinture, très agréable, n'est point signée, mais on y reconnaît sans peine le faire de Jacques Sablet.

GRAVURES

PIÈCES GRAVÉES PAR SABLET LUI-MÊME

*Suite de huit pièces, in-folio carré,
gravées à l'eau-forte, à Rome, en 1786[2].*

1. Portrait d'homme.

Un homme, assis sur une chaise, dirigé vers la gauche et
vu de profil, la main gauche appuyée sur sa jambe gauche
et le bras droit posé sur un livre ouvert placé sur une table,
paraît plongé dans une profonde réflexion. Son costume, composé d'une culotte très simple et d'une chemise entr'ouverte,
dénote un travailleur. Pièce signée : *J. Sablet Pinx. et Sculp.
Roma 1786[a]. H. 0^m,228 ; L. 0^m,173.*

C'est, assure-t-on, le portrait de Jacques Sablet lui-même. Une
épreuve à la Bibliothèque nationale et une autre dans les cartons de
la Société archéologique de Nantes.

[1] Le *Manuel de l'amateur d'estampes* de Ch. Le Blanc (tome II, p. 306)
contient l'indication sommaire de trois des eaux-fortes de cette suite
(nos n°° 6, 9 et 9); elles sont attribuées à *François Sablet*, né à *Morat* (sic)
Suisse, en 1751, mort à *Madrid* en 1803. On voit que cet article, fort
incomplet d'ailleurs, contient presque autant d'erreurs que de mots.

[2] Toutes ces pièces sont signées dans le bas, à gauche, au-dessous du trait
carré, à la pointe sèche.

2. **Ermite en prières.**

Assis sur un banc de bois, vu de profil et dirigé à gauche, un vieillard est en prières, se frappant la poitrine de la main gauche, tandis que la droite est posée sur un livre placé sur une caisse grossière servant de table et dans laquelle est fixée une croix formée de bâtons noueux. Il est nu-tête, chauve, avec une grande barbe blanche, vêtu d'une culotte avec de grandes guêtres montant au-dessus des genoux. Tête pleine d'expression : c'est peut-être un saint Jérôme ? Signature : *J. Sablet Pinx. et sculp. Rome 1786.* Dimensions : H. 0",202 ; L. 0",172.

Cette pièce est cataloguée sous le titre : *L'Ermite en prières* que dénonce Sablet, avec la montre ; sans guêtres, dans *Rudolph Weigel's Kunstlager-Catalog.* (Leipzig, Rudolph Weigel, 1849), tome XIII, p. 65, n° 13048. Une épreuve à la Bibliothèque nationale et deux dans les cartons de la Société archéologique de Nantes.

3. **Une vieille femme en prières.**

Assise sur un banc, les coudes appuyés sur une table, où se trouve un livre ouvert, elle a les mains jointes élevées à hauteur de sa tête. Elle semble prier avec ferveur et une expression douloureuse est peinte sur sa figure. Vêtue du simple costume des femmes du peuple de l'Italie, elle est vue de profil à gauche, dans un intérieur très simplement meublé. Signature : *J. Sablet Pinx. et sculp. Rome 1786.* Dimensions : H. 0",203 ; L. 0",172.

Pièce cataloguée par Rudolph Weigel (n° 13048) sous le titre : *Une femme en prières (Mme Delaunie).* Une épreuve à la Bibliothèque nationale.

4. **La mère et son enfant.**

Une femme portant le costume italien est assise sur un banc de bois ; elle est dirigée vers la droite et vue de trois quarts ; son bras gauche est passé autour du cou d'une jeune fille d'une douzaine d'années assise près d'elle sur le même banc et vue de profil à gauche. C'est sans doute la mère et la fille. Signature : *J. Sablet Pinx. et Sculp. Roma 1786.* Dimensions : H. 0m,230 ; L. 0m,168.

Pièce cataloguée par Rudolph Weigel (No 19015), sous le titre *La mère et son enfant (Mutter mit Kind).* Une épreuve dans les cartons de la Société archéologique de Nantes.

3. L'homme à la bouteille clissée.

Assis sur une chaise, dirigé vers la gauche et regardant de face, un homme tient de la main droite sur son genou, une bouteille clissée tandis que sa main gauche repose sur sa cuisse gauche. A ses pieds, à droite, quatre oignons au premier plan et au second plan, une cruche. Le personnage est nu-tête, vêtu d'un habit entr'ouvert. Pièce signée : *J. Sablet Peinx (sic) et Sculp (sic) 1786. Roma.* Dimensions : H. 0m,230; L. 0m,173.

Pièce cataloguée par Rudolph Weigel (No 22091) sous le titre : *Homme assis avec une bouteille clissée (Sitzender Mann mit Korb-flasche).* Une épreuve à la Bibliothèque nationale et une autre dans les cartons de la Société archéologique de Nantes.

4. L'homme assis.

Sur un simple escabeau, un homme est assis devant une table, placée à la gauche de la gravure ; sur cette table est une lampe et un livre ouvert, sur lequel il appuie la main droite, tandis qu'il regarde à la cantonade vers la droite de la gravure, semblant montrer son pied gauche. Il est nu-tête, vêtu d'une tunique et d'un pardessus, avec un foulard noué autour du cou. Sous la table, une bouteille clissée. Signature : *J. Sablet Peinx (sic) et Sculp. Roma : 1786.* Dimensions : H. 0m,225; L. 0m,171.

Pièce cataloguée par Rudolph Weigel (N° 22335) *Le même homme près d'un livre* (Ein dergleichen bei einem Buche). Une épreuve à la Bibliothèque nationale et une autre dans les cartons de la Société archéologique de Nantes.

7. Homme en prières près d'une tête de mort.

Un homme, déjà âgé, à genoux, en prières, tenant de la main gauche un livre ouvert, posé sur un billot, et, sur ce billot, une croix et une tête de mort. Vêtu d'une large culotte et d'une chemise entr'ouverte laissant apercevoir un scapulaire, il est vu de profil à gauche. Vers la droite une cruche posée sur de la paille. Signature : *J. Sablet Pinx. et Sculp. Rome. 1786.* Dimensions : H. 0m,228 ; L. 0m,167.

Pièce cataloguée par Rudolph Weigel (n° 22336), sous ce titre : *Un pénitent agenouillé près d'un livre et d'une tête de mort* (Büssender, Knieend bei Buch und Todtenkopf). Des épreuves à la Bibliothèque nationale et dans les cartons de la Société archéologique de Nantes.

8. Une femme et une jeune fille en prières.

Une femme du peuple, portant le costume italien, assise sur un banc grossier en bois et vue de profil à gauche, est en prières. Devant elle, une table de bois, sur laquelle on voit une mantille et un livre ouvert. A la droite de cette femme, debout, une fillette, lui tient la main gauche d'une main, tandis que de l'autre — la gauche — elle égrène un chapelet. Intérieur simple et rustique. Signature : *F. Sablet Pinx. et Sculp. 1786.*

Une épreuve à la Bibliothèque nationale et une autre dans les cartons de la Société archéologique de Nantes.

Cette suite est remarquable par la vigueur avec laquelle la gravure en est exécutée. A la vérité, on chercherait vainement dans ces eaux-fortes le faire, le tour de main d'un homme habitué à manier la pointe selon toutes les règles du métier. Cependant, si elles ont tous les défauts des œuvres conçues et exécutées en dehors de ces règles, elles ont, par contre, toutes les qualités des gravures que l'on est convenu d'appeler *gravures de peintre* : spontanéité, sinon régularité du trait, hardiesse remplaçant la netteté trop absolue des contours, jet de prime-saut, incorrect quelquefois, mais excluant toujours l'effet péniblement cherché. Ajoutons que ces gravures se réclament bien plus de l'école italienne que de l'école française.

Femme en prières.

Une femme vêtue à l'italienne, agenouillée devant une croix et priant ; derrière elle un jeune homme qui semble son fils. Signature : *Sablet inv*. Dimensions : H. 0m,136 ; L. 0m,121.

Gravure à l'aqua-tinte très probablement exécutée par Jacques Sablet lui-même, d'après un dessin de sa composition. C'est évidemment un essai.

PIÈCES GRAVÉES PAR DIVERS ARTISTES

D'APRÈS JACQUES SABLET

Suite de onze gravures à l'aqua-tinte, par C. Ducros[1], représentant des scènes de la vie privée du peuple italien. Format in-folio, carré oblong.

1. Scène de famille.

Devant un chalet rustique, sous une charmille, trois femmes — deux debout et l'autre assise entre elles — regardent jouer

---

[1] « Ducros (Pierre), peintre et graveur au burin, né en Suisse en 1714, mort à Lausanne en 1810. Basan lui donne pour prénoms L. R. » (*Manuel de l'amateur d'Estampes par M. Ch. Le Blanc* (Paris, 1856, tome II, p. 142). Il doit y avoir confusion dans les prénoms, car toutes les pièces que nous allons cataloguer ici sont signées : *C. Ducros*.

deux tout jeunes enfans. Dans le lointain, on aperçoit la mer.
Pièce signée, dans le bas, vers le milieu et dans l'intérieur
du trait carré : *J. Sablet inv°. C. Ducros sculp°* (sic). Dimensions : L. 0m.256 ; H. 0m,178.

Une épreuve terminée dans les cartons de la Société archéologique
de Nantes, ainsi qu'une épreuve sur laquelle le trait d'eau-forte est
seul gravé, les travaux à exécuter à l'aqua-tinte étant indiqués par
un lavis d'encre de chine d'une touche légère.

2. La promenade.

Dans un parc somptueux, un groupe d'hommes et de
femmes s'entretiennent, debout, vers la gauche de la gravure,
près d'une colonne carrée sur laquelle repose un vase contenant une plante à feuilles lancéolées : à droite est une vasque
à trois étages, supportée par des cariatides et, à l'arrière-plan,
un jeune couple se donne le bras, tandis que derrière eux un
homme et un jeune garçon regardent au-dessous d'un mur.
Sur le socle du vase, on lit la signature : *J. Sablet inv°.* § *C.
Ducros sculp°.* Dimensions : L. 0m,260 ; H. 0m,170.

Comme pour la précédente gravure, deux épreuves dans les
mêmes états sont conservées dans les cartons de la même Société.

3. Le repos des campagnards.

Dans la campagne, deux cultivateurs fument leurs pipes,
tandis que leurs femmes, filant leurs quenouilles, attendent
la cuisson d'alimens que surveille un jeune garçon. A la
droite de la gravure, un couple de jeunes gens ayant près
d'eux un tout petit enfant donnent un libre cours à leur ten-
dresse. Une des fileuses se détourne pour les regarder. Pièce
signée, dans le bas, vers le milieu et dans l'intérieur du trait
carré : *Sablet inv°. Ducros sculp°.* Dimensions : L. 0m,254;
H. 0m,175.

Une épreuve terminée dans les cartons de la Société archéologique
de Nantes, à laquelle est jointe le dessin original non signé, au

lavis d'encre de chine. (L. 0m,256; H. 0m,189). Sur ce dessin on aperçoit à l'arrière-plan l'esquisse d'une ville bâtie en amphithéâtre, ce qui ne se voit point sur la gravure.

4. L'embarquement en gondole.

Trois vénitiennes portant des robes à larges paniers et une ample coiffure, ayant des éventails à la main, se disposent à monter en gondole. Curieux costumes. Pièce signée, dans le bas, à l'intérieur du trait carré et vers la droite : *J. Sablet inv*. *C. Ducros sculp*. Dimensions : L. 0m,236; H. 0m,191.

Dans les cartons de la Société archéologique de Nantes, une épreuve non terminée, c'est-à-dire, avec la gravure seule du trait d'eau-forte, mais fort agréablement touchée au lavis d'encre de chine.

5. Intérieur d'auberge.

L'aubergiste est à son comptoir sur lequel sont des plats, des carafons: à toutes les tables sont des consommateurs que des garçons servent avec empressement; vers la gauche de la gravure deux individus, assistés d'un troisième personnage, sont occupés à débattre le prix d'un marché; l'un offre obstinément trois écus tandis que l'autre en demande cinq. Jolie pièce, pleine de mouvement. Elle est signée dans le bas, au-dessous du trait carré et vers le milieu : *J. Sablet inv*. *C. Ducros sculp*. Dimensions : L. 0m,300: H. 0m,182.

Une épreuve de cette gravure terminée, dans les cartons de la Société archéologique de Nantes[1].

6. Le marchand de fritures.

Boutique en pleine activité, dans laquelle de nombreux

[1] Nous avons vu chez feu M. Louis Petit, ancien trésorier de la Société archéologique de Nantes, collectionneur et dessinateur très habile; une épreuve de cette gravure non terminée : le trait d'eau-forte seul touché au lavis d'encre de chine.

personnages appartenant à la classe populaire se gorgent de fritures. Au milieu d'eux on remarque un jeune seigneur avec sa femme. Pièce agréable, pleine de vie et de gaieté. Elle est signée dans le haut, à droite et au-dessous du trait carré : *Sablet inv*. || *Ducros sculp*. Dimensions : L. 0m,253 ; H. 0m,173.

Nous n'avons vu cette gravure qu'à la Bibliothèque royale de Bruxelles, où elle est classée sous la cote S. II. 7159. C'est une épreuve entièrement terminée.

7. L'Enterrement.

La scène se passe au cimetière, au moment où l'on descend la bière dans la fosse ; un jeune homme, en proie à la plus vive douleur, semble défaillir entre les bras de deux de ses amis ; foule nombreuse. Pièce signée, dans le bas, vers le milieu et au-dessus du trait carré : *J. Sablet inven*. *Ducros sculpsit*. Dimensions : L. 0m,250 ; H. 0m,183.

Une épreuve de cette gravure se trouve à Paris à la Bibliothèque nationale, Cabinet des estampes, dans l'œuvre, d'ailleurs assez pauvre, des Sablet.

8. Prière à la Madone.

Devant l'image d'une madone, (bas-relief dans un médaillon ovale incrusté dans un mur), une femme est en prières, agenouillée sur un prie-Dieu : à sa droite une enfant debout et des deux côtés différens personnages, les uns à genoux, les autres debout, ayant la plupart leur chapelet à la main ; derrière eux, trois joueurs de cornemuse soufflent à pleins poumons dans leurs instrumens. Sous le médaillon de la madone, une tablette supporte des vases de fleurs et plus bas on remarque un tronc au-dessus duquel est l'inscription : *A Limosina per la madona*. Pièce signée dans le bas, à gauche, au-dessous du trait carré : *J. Sablet inve*. *C. Ducros sculp* (sic). Dimensions : L. 0m,257 ; H. 0m,183.

9. La procession.

Un prêtre avec ses acolytes sort d'une église, portant un ostensoir et s'avance pour se placer sous un dais, tandis qu'autour de lui un peuple nombreux est prosterné. Pièce signée, dans le bas, vers la gauche, et à l'intérieur du trait carré. *Sablet inv'. Ducros sculp.* Dimensions : L. 0ᵐ,254; H. 0ᵐ,175.

10. La leçon de danse.

Dans un parc orné de nombreuses vasques, un jeune garçon et une fillette essaient un pas de deux, au son des tambours de basque dont jouent deux femmes, l'une debout et l'autre assise sur une corniche sculptée : à la gauche de la gravure, deux autres femmes, les mères sans doute des deux enfans, s'entretiennent en les montrant du doigt. Pièce signée, dans le bas, vers la gauche et au-dessus du trait carré : *J. Sablet inv'. Ducros sculpsit.* Dimensions : L. 0ᵐ,258; A. 0ᵐ,177.

11. Les sbires.

Cinq sbires, armés de fusils et de pistolets, procèdent la nuit à l'arrestation de deux voleurs, sur les marches d'un monument public : d'autres individus se sauvent, tandis que, au dernier plan, un complice s'arrache les cheveux de désespoir. Pièce signée sur le fût d'une colonne, dans le haut : *Sablet inv' || Ducros sculps'.* Dimensions : L. 0ᵐ,254 : H. 0ᵐ,175.

Des épreuves terminées de chacune des gravures décrites sous es quatre numéros qui précèdent sont conservées dans les cartons de la Société archéologique de Nantes.

Ces estampes sont fort intéressantes et montrent la facilité du talent de Sablet. Détente de la composition, sentiment du pittoresque, exactitude des costumes, expression piquante des physionomies, groupement harmonieux des personnages, gaieté, fraîcheur

et spiritualité, telles sont les qualités qu'on ne pourrait leur
refuser sans injustice. Malheureusement elles ont été mal
gravées et l'on ne peut porter ce jugement, en toute connaissance
de cause, qu'à la vue de ces épreuves de premier état, au simple
trait d'eau-forte, rehaussé d'une touche légère de lavis d'encre
de chine, que l'on attribue, avec toute apparence de raison, à
Sablet lui-même.

Le maréchal-ferrant de la Vendée.

Il est debout, dans la campagne, se dirigeant vers la droite
et regardant à gauche à la cantonade ; en tenue de travail,
son tablier relevé, un marteau sur l'épaule droite ; il porte
dans la main gauche une poignée de sabres et d'épées,
dépouilles opimes enlevées aux Vendéens, qu'il vient de
massacrer, d'après une légende, qui, hâtons-nous de le dire,
ne repose sur aucun fondement. Coiffé gaillardement d'un
feutre avec plume et cocarde tricolore, il a un air triomphant
qui fait plaisir à voir. Dans le lointain, on aperçoit le camp
vendéen et, ce qui complète l'invraisemblance, des montagnes aux pics escarpés, comme il s'en peut voir en Suisse,
mais qui oncques ne se virent en Vendée. Pièce signée, dans
le bas, à gauche : *Sablet pinxit* et, à droite : *Copia sc.* Au bas
le titre : LE MARÉCHAL FERRANT DE LA VENDÉE et cette
légende : « Le brave homme ayant appris que les Chouans
avaient attaqués (*sic*) les patriotes très près de sa commune,
quitta sa forge et marcha à leur rencontre sans autres armes
que son marteau, en terrassa un grand nombre, et revint
après sa victoire, chargé des dépouilles de plusieurs de ces
brigands. » Au-dessous, les adresses suivantes : *A Paris chez
Copia, rue Boucher n° 6 section du Muséum et chez Bance
rue Séverin (sic) n° 113.*

1er état. Eau-forte pure,
2e   —   Avant la lettre, la signature des artistes à la pointe.
3e   —   Celui décrit.
Très bonne gravure au pointillé. On s'étonne que M. Ch. Le Blanc,
dans son *Manuel de l'amateur d'estampes*, ne l'ait pas cataloguée

avec les autres pièces dues au burin de Copia; elle n'est point inférieure, à coup sûr, au *Porte-drapeau de la fête civique* qu'il
grava d'après Bailly et qui peut lui servir de pendant.

Le maréchal-ferrant de la Vendée.

In-8°, carré; copie du précédent, (le personnage vu jusqu'à
la ceinture seulement), signée, dans le bas, à gauche :
L. Porteau sculp.

Der berühmte Hufschmid aus der Vendée[1].

In-8°, carré, gravure au burin anonyme exécutée en Alle-
magne; réduction de l'estampe de Copia.

Pour donner une nomenclature absolument complète de
l'œuvre peint, dessiné et gravé de Jacques Sablet, nous eussions dû, sans doute, rechercher tous les tableaux qui se trouvent chez des particuliers et inventorier toutes les études,
toutes les ébauches, qui peuvent se trouver mêlées à celles
de son frère, dans les cartons de la société archéologique de
Nantes. Mais nous avons cru que ces lignes suffiraient à le
faire connaître et à faire apprécier la souplesse en même
temps que la maturité de son talent.

Et maintenant, si, en terminant cette notice, nous embras-
sons d'un coup d'œil rapide l'œuvre des deux frères Sablet,
François, *le Romain* et Jacques *le jeune* surnommé *le peintre
du Soleil*, si, en un mot, nous tentons de dégager la note
générale de notre modeste étude, il nous semble que nous
pouvons avoir cette confiance d'avoir tiré de l'oubli des
artistes dont le nom méritait de ne point périr.

Si Jacques fut supérieur à François, ils n'en ont pas moins
conquis l'un et l'autre des titres sérieux à notre estime, car
un même amour de la nature les inspira et tous les deux

[1] Le maréchal-ferrant de la Vendée.

se réchauffèrent à cette flamme pure et divine qui
s'appelle l'art. L'Art!... Heureux ceux qui comprennent
toute la grandeur, toute la poésie de ce mot !.....
« L'art, écrivait Mme d'Arnim au célèbre Gœthe, est un beau
jouet, qui sert à ramener en lui-même l'esprit de l'homme
toujours inquiet et toujours plein de désirs et lui apprend à
voir et à penser. » A notre avis, l'art est plus et mieux que
cela encore, mais ne servirait-il qu'à fixer l'esprit de cet être
ondoyant et divers dont parle Montaigne, qu'il n'en aurait
pas moins tous les droits à notre estime et à notre admiration.

[1] *Correspondance de Gœthe et de Bettina* (Mme Bettina Brentano d'Arnim.
(Paris, 1843; 2 vol. in-8°) tome I, p. 35.

ACHEVÉ D'IMPRIMER

A VANNES

PAR

EUGÈNE LAFOLYE

LE Vme JOUR DE FÉVRIER

M DCCC LXXXIX

M. Gustave Bord. Ouvrage orné de douze portraits d'après les
originaux. *Paris, E. Dentu, 1887*; in-8° . . . . **60 fr.**

Iconographie bretonne ou liste de portraits dessinés, gravés ou
lithographiés de personnages nés en Bretagne ou appartenant à l'histoire de cette Province. Avec notices biographiques. *Paris, Alp.
Picard, et Rennes, Plihon et Hervé. 1854-1889. 2 vol. gr. in-8°.*
Prix . . . . **20 fr.**

Les Portraits gravés de Richelieu. Extrait du tome II de l'Iconographie bretonne, avec une introduction. *Nantes, 1889; gr. in-8°.*

Documens pour servir à l'histoire de la Révolution. Lettres
anecdotiques de Jean-Baptiste-Auguste de Châteaubriand, comte de
Combourg à la comtesse de Calan (1789-1790). *Vannes, 1889; in-8°.*

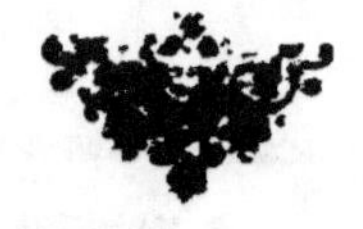

9 782012 737662

DICTIONNAIRE

ABRÉGÉ

D'ARCHITECTURE PRATIQUE.

STRASBOURG, de l'impr. de F. G. LEVRAULT.

DICTIONNAIRE

ABRÉGÉ

D'ARCHITECTURE PRATIQUE,

A L'USAGE

DES ÉCOLES PRIMAIRES SUPÉRIEURES

ET DES CLASSES D'ADULTES.

PAR

L. M. COTTARD,

ANCIEN ÉLÈVE DE L'ÉCOLE NORMALE, RECTEUR DE L'ACADÉMIE
DE STRASBOURG.

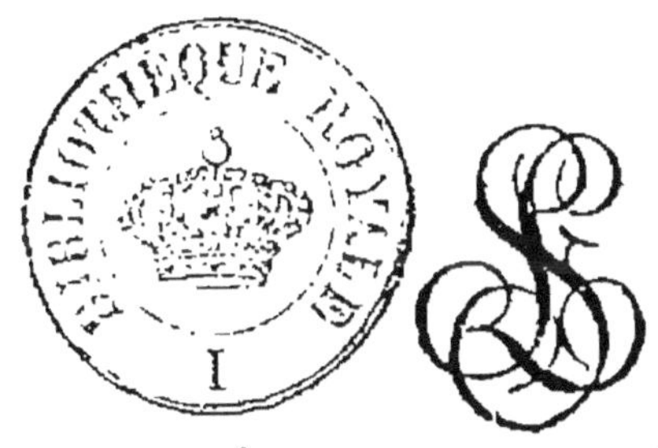

PARIS,

Chez F. G. LEVRAULT, rue de la Harpe, n.º 81.

STRASBOURG,

Même Maison, rue des Juifs, n.º 33

1837.

A MONSIEUR GUIZOT,

MEMBRE DE L'INSTITUT ET DE LA CHAMBRE DES DÉPUTÉS,
ANCIEN MINISTRE DE L'INSTRUCTION PUBLIQUE.

Monsieur,

Vous gémissiez, comme Français, de voir nos pauvres ouvriers condamnés par leur ignorance à fonctionner sans relâche sous des contre-maîtres étrangers. Homme d'État, vous vous alarmiez du nombre de ces jeunes gens que la faiblesse de leur complexion ou, plus souvent encore, l'amour-propre mal entendu de leurs familles arrachait à l'agriculture pour les jeter, bon gré mal gré, dans des carrières qu'ils ne pouvaient ensuite fournir.

Vous vous êtes dit : que le manœuvre cesse d'être un homme-machine ; que la charrue devienne intelligente, et l'ouvrier ne se révoltera plus contre un présent sans avenir, et le fils du cultivateur ne rougira plus de la glèbe nourricière. Dès lors disparaîtra ce malaise intérieur qui travaille encore ma patrie.....

Et vous avez doté la France du bienfait de l'instruction primaire supérieure ! Oui, Monsieur, vous avez ainsi posé les vastes fondements d'un

temple à la paix publique, espérant sans doute
que chaque bon citoyen y apporterait sa pierre.
Vous permettez que votre nom soit inscrit sur
la mienne. Je vous remercie de cette faveur, qui
m'aide à payer une véritable dette. Car, en
présence d'un service tel que le vôtre, la reconnaissance nationale ne doit point compter de
voix perdues.

Juin 1836.

L. M. COTTARD.

AVANT-PROPOS.

J'ai pris l'idée de ce petit Dictionnaire dans une observation que j'avais souvent faite en assistant au cours du baron Dupin donné aux ouvriers des villes. Les hommes habitués aux termes de maçonnerie, de charpenterie, etc., étaient à peu près complétement étrangers à ceux de mécanique, d'optique et de géométrie. De là des définitions mal saisies, des applications théoriques difficilement retenues, et, partant, peu ou point de succès. De là aussi le découragement des municipalités, puis, chez presque toutes, la cessation de sacrifices sans aucun résultat. Mais pourquoi ne se les imposeraient-elles pas de nouveau, aujourd'hui que nos écoles primaires supérieures, avec leur dessin linéaire et leurs éléments de mécaniques comblent, dans l'instruction populaire, une lacune que le cours trop élevé de M. Dupin ne pouvait remplir? Pourquoi même à une époque où le temps devient plus que jamais la seule richesse du pauvre, ces écoles ne reverseraient-elles pas dans les chantiers et dans les ateliers, de jeunes hommes familiarisés d'avance avec les mots techniques des arts qu'ils vont être appelés à exercer? Quelque aisé qu'il soit pour un apprenti de retenir le vocabulaire des objets qu'il a sous les yeux, toujours est-il que, dans les commencements, le travail obligé de sa mémoire entravera chez lui la promptitude de l'exécution. Mais supposez-le connaissant déjà à son début la signification de mots en dehors de l'idiome maternel, tels que *baie*, *douelle*, *lierne*, *lie*, *gouge*, etc., et vous le verrez avancer aussitôt dans la pratique de son art, comme, plus jeune, il aura fait de rapides progrès dans la lecture, une fois qu'il aura été rompu à la connaissance et à l'assemblage des caractères alphabétiques.

J'ai l'espoir que l'utilité de mon opuscule ne se bornera pas aux futurs ouvriers. Nous ne sommes plus au temps où pour les classes aisées de la société, le dessin n'était qu'un art d'agrément, et, par conséquent, de superfétation. Partout la vie industrielle a pris chez elles la place de la vie contemplative. Le propriétaire ne dédaigne plus de manier l'équerre et le compas. Le fabricant surveille lui-même l'installation de ses machines, la direction de ses cours d'eau, l'établissement de ses appareils à vapeur. Mais encore, l'un et l'autre, font-ils, à cet égard, moins qu'ils ne voudraient faire, privés qu'ils ont été dans leur éducation première, des notions incomplètes sans doute, mais spéciales, qu'il leur faut étudier aujourd'hui. Enfin, qui sait si un livre de l'espèce de celui-ci, mis entre les mains de la jeunesse, ne suffirait pas pour éveiller une de ces vocations subites qui, à la vue d'une ébauche même imparfaite, faisaient dire à un célèbre artiste encore inconnu à lui-même : *Et moi aussi je suis peintre !*

Cette dernière présomption serait ridicule de notre part, si nous ne nous hâtions de déclarer que nous avons fait tout simplement un livre avec des livres. Notre seul mérite sera donc d'avoir travaillé à choisir, parmi nos nombreuses théories architectoniques, ce qui pouvait le plus s'approprier à la jeune intelligence de nos lecteurs.

Le premier Dictionnaire d'architecture est dû, en France, à Charles d'Aviler. Cet artiste, qui vivait au dix-septième siècle, fut pris par des Corsaires en se rendant à Rome pour se perfectionner, et emmené captif à Tunis, où il donna les dessins d'une belle mosquée, qu'on y admire encore aujourd'hui. Louis XIV ayant payé sa rançon, d'Aviler revint dans sa patrie, fut d'abord adjoint au célèbre Mansard, et nommé ensuite architecte de la province de Languedoc. Voici comment, selon la notice biographique mise en tête de l'édition complète de ses œuvres (Paris, 1750), d'Aviler fut amené à composer son Dictionnaire. Lorsqu'il rédigeait son Traité d'architecture (publié pour la première fois en 1691), pour ne pas couper à tous moments son discours par des explications indispensables des termes d'architecture, il se résolut d'en faire un volume entier, et les y rangea par ordre alphabétique, pour les trouver plus facilement. C'était une espèce de table raisonnée de son cours, auquel elle renvoyait pour chaque article. Aussi l'auteur ne l'avait-il intitulée qu'*Explication des termes d'architecture*. Cependant il y avait joint ceux de géométrie, de mécanique, de dessin, de peinture et de sculpture. Mais cette partie de son travail, moins bien traitée que l'autre, ayant provoqué quelques critiques, d'Aviler se disposait à y faire de nombreuses corrections, lorsque la mort le surprit à Toulouse en 1700. Dix ans après, Alexandre Leblond, architecte du czar Pierre le Grand, remplit les vues de l'auteur.

Que mes jeunes lecteurs me pardonnent de m'être un peu étendu sur d'Aviler. N'est-ce pas un devoir de rappeler à la reconnaissance na-

tionale ceux de nos savants qui les premiers
ont cessé de faire au peuple pour ainsi dire
mystère des connaissances humaines? Et en
cela, ils n'ont pas seulement rendu service à
l'humanité, ils ont aussi bien mérité de la
science elle-même; car en la propageant, ils
l'ont garantie pour jamais contre tout retour
de la barbarie. Ainsi d'Aviler voulait multiplier
les artistes en rendant l'art plus accessible.
Cinquante ans après, Gastelier de la Tour, par
son Dictionnaire étymologique d'architecture,
initiait les littérateurs proprement dits à une
science qui leur était auparavant étrangère.
Au commencement de notre siècle, Boutard
rendait le même service aux gens du monde
par ses excellents articles insérés au *Journal
de l'empire*, et résumés plus tard sous forme
de dictionnaire. Enfin, il y a douze ans, Urbain
de Vitry, par son Vignole des ouvriers et le
vocabulaire qui le termine, fit descendre la
science du maître au manœuvre. J'essaye aujourd'hui de lui donner entrée dans nos simples
écoles, heureux si le jeune public qui les compose, confirme par ses succès le haut suffrage
qui a daigné m'encourager. Ce suffrage, je ne
l'ai point recherché par vue d'ambition per-
sonnelle. Parvenu au poste honorable qui est
pour moi l'apogée d'une carrière que j'ai em-

brassée depuis trente ans, quel autre bienfait aurais-je à réclamer d'un Ministre, que de la terminer sans perturbation ? Je ne m'arrêterai donc pas à faire remarquer ici que M. Guizot n'était plus au pouvoir, lorsque je lui offris la dédicace de mon modeste opuscule. Ne sachant pas s'il y rentrerait, je voulais du moins que, pour tout ce qu'il avait déjà fait en faveur de l'instruction primaire, son nom se trouvât imprimé dans nos écoles qu'il a fécondées de toute la puissance de ses vastes et philanthropiques conceptions. Laissons à la postérité, peut-être même aux événements prochains, le soin de juger son système politique. Mais, je le répète, popularisons son nom parmi la jeunesse de nos hameaux comme de nos cités. Si, à cet âge heureux, les louanges partent du cœur, elles doivent être pour un bon citoyen, selon les phases de sa vie, ou la plus douce des récompenses, ou la plus touchante des consolations.

Strasbourg, 1.ᵉʳ décembre 1836.

DICTIONNAIRE

ABRÉGÉ

D'ARCHITECTURE PRATIQUE.

A

ABAQUE, *subst. masc.* Petite table formant la partie supérieure du chapiteau de la colonne et sur laquelle porte immédiatement l'architrave. On l'appelle aussi *tailloir.*

ABATIS, *s. m.* Séparation des pierres de leur banc dans une carrière; renversement des bois dans une forêt.

ABAT-JOUR, *s. m.* Sorte de fenêtre dont l'embrasure de l'appui est en talus, pour recevoir le jour d'en haut.

ABAT-VENT, *s. m.* Petit auvent placé aux baies d'un clocher, pour renvoyer le son des cloches en bas. On met aussi des abat-vents aux séchoirs et aux magasins qui ont besoin d'être aérés.

ABOUTIR, *v. n.* Revêtir de tables minces de plomb blanchi une cymaise, un chéneau ou quelque autre saillie d'architecture ou de sculpture de bois, pour les garantir de l'injure du temps.

ABOUTS, *s. m. pl.* Extrémités des pièces de charpenterie et de menuiserie mises en œuvre.

ABREUVOIR, *s. m.* Bassin ordinairement revêtu de pierre, pavé au fond, avec un abord en pente douce pour faire boire les chevaux et le gros bétail.

ACANTHE, *s. f.* Plante dont les feuilles représentées en sculpture servent d'ornement au chapiteau corinthien.

ACCOLER, *v. a.* Tortiller des branches de feuillage ou telle autre sorte d'ornement autour d'une colonne.

Accoudoir, *s. m.* Petit mur, ou partie inférieure de l'ouverture d'une croisée, sur laquelle on s'appuie.

Acier, *s. m.* Fer raffiné, purifié par l'art.

Acrotères, *s. m. pl.* Petits piédestaux aux extrémités, au milieu d'un fronton, ou au-dessus d'autres parties élevées d'un édifice. Ils servent de bases aux figures, vases et autres amortissements.

Adapter, *v. a.* Approprier un ornement, une saillie à quelque corps de bâtiment.

Adoucissement, *s. m.* Réunion d'un membre d'architecture à un autre par un cavet, ou autre moulure circulaire.

Affleurer, *v. a.* Mettre dans la même ligne de niveau ou d'à-plomb les pierres d'un mur, les solives d'un plancher et la surface de ce même mur, de ce plancher, etc.

Aiguille, *s. f.* Pièce de bois verticale sur laquelle sont assemblés les arbalétriers d'un comble pyramidal. On donne aussi le nom d'*aiguille* à des obélisques, aux pyramides des clochers, etc.

Aileron, *s. m.* Petite console renversée dont on décore les joues d'une lucarne.

Ailes, *s. f. pl.* Parties qui s'étendent à droite et à gauche du principal corps du bâtiment qui se détache de ses côtés par la prédominance de son élévation ou par une saillie en avant-corps, ou qui forme angle droit avec elles, quand elles sont construites en retour.

Ailes de pont. On appelle ainsi les évasements circulaires ou triangulaires qu'on ménage sur les culées d'un pont, pour rendre les issues plus spacieuses.

Ailes de pavé. Les côtés en contre-pente d'une chaussée pavée.

Aire, *s. f.* Surface plane et horizontale, formée de différents matériaux et pour divers usages. On appelle *aire de plancher* l'enduit de maçonnerie sur lequel on pose les carreaux ou le parquet d'un plancher. L'*aire de grange* est une couche de terre glaise corroyée sur laquelle on bat le blé. Dans les pays où on le fait fouler par les pieds des animaux, *l'aire en plein champ* est faite de briques ou de cailloutages. *L'aire de bassin* est un massif en ciment ou en terre glaise dont on fait le fond d'un bassin.

AISSELLE, *s. f.* Nom de la partie de la voûte d'un four, depuis la naissance de cette voûte jusqu'à la moitié de sa hauteur.

AJUSTAGES ou AJUTAGES, *s. m. pl.* Tuyaux de plomb ou d'autre métal qu'on met au milieu d'une pièce d'eau, pour faire différentes sortes de jets.

ALCOVE, *s. f.* Renfoncement dans le mur d'une chambre à coucher ou retranchement pris sur la chambre même, pour y placer un lit. L'alcove est quelquefois ornée de pilastres, de colonnes, etc.

ALETTE, *s. f.* Petit trumeau entre deux arcades, ou nu du trumeau, quand il y a des pilastres ou colonnes.

ALIGNER, *v. a.* Tirer des alignements, réduire plusieurs corps à une même saillie.

ALLÉE, *s. f.* Passage qui communique de la porte d'entrée d'une maison à la cour ou à l'escalier.

ALLÉGE, *s. m.* Petit mur qui sert d'appui à une croisée. On appelle aussi *alléges* les pierres qui forment ce mur.

AMONT, *s. m.* Désigne le côté d'où vient un cours d'eau, ce qui le remonte.

AMORTISSEMENT, *s. m.* Ornement au sommet d'un édifice, comme vases, trophées, etc., et qui en forme le couronnement.

AMPHIPROSTYLE, *s. m.* Temple orné de deux porches sur colonnes, l'un à la partie antérieure de l'édifice et l'autre à la partie postérieure.

AMPHITHÉATRE, *s. m.* C'était anciennement un grand édifice de figure circulaire : il avait plusieurs rangs de degrés élevés les uns au-dessus des autres, qui servaient de siéges au peuple et environnaient un espace où se donnaient les spectacles. C'est aujourd'hui, dans une salle de théâtre, un lieu dont le plan est circulaire, avec des siéges par dégradation.

1.

Ancône, *s. m.* On appelle ainsi le centre des quartiers de la volute ionique.

Ancre, *s. f.* Barre de fer dont on se sert dans la construction des édifices.

Angle, *s. m.* On appelle ainsi l'espace compris entre deux lignes droites qui se rencontrent en un point, lequel prend le nom de *sommet de l'angle;* ces deux lignes sont ses côtés. Parmi les angles en général on distingue principalement l'angle *droit.* C'est celui que représente l'instrument connu sous le nom d'*équerre.* Un angle dont l'ouverture est moindre que celle d'un angle droit, s'appelle angle *aigu.* L'angle est dit *obtus*, quand son ouverture est plus grande que celle d'un droit. Il y a de plus des angles *rentrants, saillants, solides, curvilignes, rectilignes,* etc.

Anglet, *s. m.* Petite cavité creusée en angle droit, comme celles qui séparent les bossages, pierres de refends, etc.

Annelets, *s. m. pl.* Petits membres carrés par leur profil, sous l'ove des chapiteaux des colonnes toscanes et doriques. On les appelle *filets*, aux chapiteaux de pilastres des mêmes ordres.

Antes, *s. m. pl.* Pilastres d'encoignure d'un édifice.

Antichambre, *s. f.* Première chambre d'un appartement.

Aplomb, *s. m.* Ligne perpendiculaire au plan de l'horizon.

Apophyge, *s. m.* Adoucissement qui naît du bord de la ceinture, au bas du fût d'une colonne, ou d'un pilastre. On dit aussi *apophise* et *congé.*

Appareil, *s. m.* C'est le dessin, la taille et la pose des pierres d'un édifice.

Appareilleur, *s. m.* Ouvrier chargé de choisir les pierres, de tracer la forme à leur donner, de marquer la place qu'elles doivent occuper.

Appartement, *s. m.* Série de pièces nécessaires pour rendre un logement complet et commode.

Appentis, *s. m.* Toit appliqué contre un mur; il n'a

de pente que d'un côté, et est soutenu en avant par des piliers ou des poteaux.

APPUI ou ACCOUDOIR, *s. m.* Petit mur élevé entre les pieds-droits d'une croisée. La tablette qui le couronne s'appelle aussi *appui* ou *accoudoir*, et a un peu de pente au dehors, pour faciliter l'écoulement des eaux de pluie.

AQUEDUC, *s. m.* (on prononce *akeduc*). Construction de plusieurs arches qui sert à soutenir un canal élevé sur un terrain creux et inégal, pour conserver le niveau de l'eau et la conduire d'un lieu à un autre.

ARABESQUES ou MORESQUES, *s. f. pl.* Rinceaux d'où sortent des feuillages, des fruits et même des figures de caprice. Ce mot vient de ce que les Arabes ou Mores ont été les premiers qui aient mis en usage ces sortes d'ornements.

ARÆOSTYLE, *s. m.* Entre-colonnement de quatre diamètres et davantage.

ARBALESTIERS ou ARBALÉTRIERS, *s. m. pl.* Petites forces au haut de la ferme d'un comble; elles se joignent au poinçon et posent sur l'entrait.

ARC, *s. m.* Se dit de tout ce qui est en ligne courbe: ainsi on appelle *arcs* ou *arceaux* les voûtes des portes, celles des fenêtres cintrées, etc.

ARCADE, *s. f.* Voûte qui n'a que l'épaisseur du mur dans lequel elle est pratiquée. On fait surtout usage des arcades pour former des portiques.

ARC-BOUTANT, *s. m.* Arc ou portion d'un arc posé sur un mur solide, et qui butte contre les reins d'une voûte, pour en empêcher la poussée et l'écartement.

ARC-BOUTER, *v. a.* Contenir la poussée d'une voûte par un arc-boutant.

ARC DE TRIOMPHE, *s. m.* Grande porte en arc, décorée de bas-reliefs, trophées, inscriptions et autres sculptures.

ARCEAUX, *s. m. pl.* Ornements de sculpture faits de filets dont le contour est en façon de trèfles. On appelle aussi *arceau* la petite voûte d'une fenêtre ou d'une porte cintrée.

1..

Arche, *s. f.* Voûte jetée sur les deux piles ou palées d'un pont.

Architecte, *s. m.* Celui qui compose les plans et dessins d'un édifice, en dirige la construction et en règle la dépense.

Architectonique, *adj.* Qui a pour objet l'architecture.

Architecture, *s. f.* C'est l'art de composer par le dessin et de construire les édifices. *Architecture* est aussi pris pour signifier l'ensemble d'un édifice considéré sous le seul rapport de l'art.

Architrave, *s. f.* Première partie de l'entablement qui pose sur les colonnes ou sur les pilastres. Les architraves représentent les sablières ou poitrails qui joignent plusieurs poteaux ensemble : elles sont différentes selon les divers ordres d'architecture.

L'architrave *toscane* n'a qu'une fasce, dont la partie supérieure se termine en adoucissement et est couronnée d'une bandelette.

L'architrave *dorique* (lorsqu'il y a des denticules dans l'entablement) n'a qu'une fasce couronnée d'une bandelette, des tringles et six gouttes à chacune sous les triglyphes. Cette architrave (lorsque l'entablement a des mutules) a deux fasces, des tringles et des gouttes sur la seconde fasce qui est la plus proche de la frise.

L'architrave *ionique* a trois fasces et un talon couronné de son filet.

L'architrave *corinthien* a trois fasces, un astragale au-dessus de la première, un talon au-dessus de la seconde, et un astragale lesbien couronne la troisième.

L'architrave *composite* a deux fasces séparées par un talon : la seconde fasce est terminée par un astragale, un ove, un cavet et un filet.

Archivolte, *s. f.* Bandeau orné de moulures à la tête des voussoirs d'une arcade ; elle naît sur les impostes et varie dans sa forme suivant l'ordre d'architecture duquel procède l'arcade. L'archivolte *toscane* a deux fasces, un filet, un astragale, un ove couronné d'un second filet. L'archivolte *ionique* a deux fasces, un talon et un réglet. Les archivoltes *corinthienne* et *composite* ont les mêmes moulures que l'architrave de leur ordre.

Ardoise, *s. f.* Espèce de pierre tendre et de couleur bleuâtre qui se sépare par feuilles et qui est propre à couvrir les maisons.

Arête, *s. f.* Angle saillant que forment à leur rencontre deux faces droites ou courbes d'une pierre, d'une pièce de bois, etc.

Arêtier, *s. m.* Pièce de bois qui forme l'angle des toits en croupe ou en pavillon.

Arêtière, *s. f.* Enduit de plâtre ou de mortier sur un toit couvert de tuiles, aux endroits où sont les arêtiers.

Armature, *s. f.* Terme général pour signifier les barres, clefs, boulons, étriers et autres liens de fer dont on se sert pour retenir un assemblage de charpente, ou fortifier une poutre éclatée.

Armes ou Armoiries, *s. f. pl.* (n'a point de singulier). Blason représenté en sculpture ou en peinture dans un tympan de fronton, sur quelque panneau ou autre endroit convenable. On représente aussi des armes ou armoiries par incrustations de marbres de diverses couleurs, dans les compartiments de pavés, sur quelques piédestaux, etc.

Arrachements, *s. m. pl.* Pierres qu'on ôte d'un mur à distances égales, lorsque l'on y veut joindre un autre mur, afin de faire liaison. On donne aussi ce nom, ou celui de *pierres d'attente*, à celles qui sont laissées en saillie dans le même but.

Arrasement, *s. m.* Dernière assise d'un mur arrivée à hauteur du couronnement, ou assise qu'on a laissée à une certaine hauteur pour quelque raison particulière.

Arraser, *v. a.* Mettre les pierres d'une muraille d'une égale hauteur, en conduire les assises de niveau.

Arrases, *s. f. pl.* Pierres plus hautes ou plus basses que les autres cours d'assises pour parvenir à une hauteur marquée.

Arrière-bec, *s. m.* C'est l'éperon de la pile d'un pont du côté d'aval.

Arrière-corps, *s. m.* Partie d'un bâtiment qui accompagne un avant-corps et a un peu moins de saillie sur la face.

Arrière-cour, *s. f.* Petite cour pratiquée dans un corps de logis pour éclairer les dégagements, escaliers dérobés, etc.

Arrière-voussure, *s. f.* Petite voûte d'une croisée ou d'une porte qui couvre l'embrasure et sert à donner plus de jour.

Artichaut, *s. m.* Pièce de serrurerie hérissée de pointes, qu'on place au sommet des grilles et sur la traverse des barrières pour empêcher qu'on les escalade.

Assemblage, *s. m.* (terme de menuiserie et de charpenterie). Art d'assembler et de joindre plusieurs morceaux de bois pour en faire un ouvrage. *Assemblage* se dit aussi de l'ouvrage assemblé.

Asseoir, *v. a.* Mettre dans une position stable.

Assiette, *s. f.* Situation stable d'une partie de construction posée sur une autre.

Assise, *s. f.* Rang de pierres de même hauteur.

Astragale, *s. m.* Petite moulure ronde dont on orne le bas et le haut des colonnes, des pilastres, les corniches, les impostes et autres membres d'architecture. Il y a des astragales taillés en patenôtres, en fusaroles, etc.

Atelier, *s. m.* Lieu où plusieurs ouvriers travaillent pour la construction d'un bâtiment. On dit aussi *chantier*.

Atre, *s. m.* Bas d'une cheminée entre les jambages où on fait le feu.

Attachements, *s. m. pl.* On appelle ainsi la note que prend l'architecte de la nature et de la mesure des ouvrages qui doivent être recouverts, tandis que ces ouvrages sont encore à nu.

Attente, *s. f.* (voyez **Attachement**).

Atticurge, *adj.* Spécifie une porte dont les pieds-droits sont inclinés l'un vers l'autre, et dont par conséquent l'ouverture va de bas en haut, en se rétrécissant.

Attique, *s. m. et adj.* Petit ordre d'architecture qu'on met au-dessus d'un plus grand pour le terminer et couronner. Cet ordre n'a point de colonnes, mais seulement des pilastres dont les chapiteaux sont ornés d'un rang de feuilles. Son entablement n'est qu'une corniche architravée. La base (qui sert aussi à l'ionique, au corinthien et au composite) a un plinthe et deux tores séparés par une scotie. On nomme aussi *attique* l'ornement qui décore le tuyau des anciennes cheminées depuis le chambranle jusqu'au plafond.

ATTITUDE, *s. f.* (terme de peinture et de sculpture). Posture d'une figure, d'une statue.

ATTRIBUTS, *s. m. pl.* Ce mot se prend en architecture pour ce qui sert à caractériser une figure, un groupe, etc. Un caducée est l'attribut de Mercure; une faux et un sablier sont ceux du temps, etc.

AUBIER ou AUBOUR, *s. m.* Partie tendre du bois près de l'écorce.

AUTEL, *s. m.* Est en général une construction sur laquelle on sacrifie à la divinité. Chez les Grecs et les Romains, l'autel avait la forme d'un piédestal carré, rond ou triangulaire. L'autel des chrétiens affecte celle d'une table, en mémoire de la Sainte-Cène.

AUVENT, *s. m.* Petit toit, formé ordinairement de planches, qu'on place au-dessus de l'entrée d'une boutique pour l'abriter.

AVAL, *s. m.* Désigne ce qui descend la rivière, la partie inférieure de son cours.

AVANCE, *s. f.* Se dit d'une construction hors de l'alignement, ou faisant saillie sur la façade d'un bâtiment.

AVANT-BEC, *s. m.* Éperon de la pile d'un pont, du côté d'amont.

AVANT-CORPS, *s. m.* Pavillon ou autre partie d'un édifice qui a de la saillie sur la face.

AVANT-COUR, *s. f.* Cour qui précède la principale cour d'un palais, d'un château, etc.

AVANT-SCÈNE, *s. f.* La partie du théâtre en avant des décorations mobiles, sur laquelle les acteurs se tiennent pour débiter leur rôle.

Avant-toit, *s. m.* Saillie du toit qui a pour objet de porter la chute des eaux à quelque distance du pied de l'édifice lorsqu'elles ne sont pas arrêtées dans des chéneaux.

Aviver, *v. a.* Rendre des solives, poutres et autres pièces de bois à vives arêtes.

Axe, *s. m.* L'axe d'une colonne est la ligne qui est supposée la traverser dans toute sa hauteur, du centre de sa base au centre de son chapiteau.

B

Bao, *s. m.* Petit bassin ou réservoir pour l'arrosement.

Badigeon, *s. m.* Espèce de peinture en détrempe dont on se sert pour donner aux enduits de plâtre la couleur de la pierre.

Bagne, *s. m.* Vaste prison destinée aux criminels condamnés aux fers et aux travaux.

Baguette, *s. f.* Petite moulure ronde et quelquefois taillée en forme de grains enfilés, de rubans ou de feuillages tortillés, etc.

Bahut, *s. m.* Les pierres taillées en *bahut* sont celles qui affectent la forme bombée ordinaire au couvercle d'un bahut (espèce de malle).

Baie, Baye, Bée, *s. f.* Ouverture qu'on laisse dans les murs que l'on construit pour y placer des portes, des fenêtres, etc.

Bains, *s. m. pl.* Appartement destiné pour se baigner.

Bajoyers, *s. m. pl.* Murs en ailes des culées de pont; murs de revêtement d'une chambre d'écluse.

Balcon, *s. m.* Saillie construite en pierre ou en bois sur la façade d'un bâtiment; et communément entourée d'une balustrade.

Baldaquin, *s. m.* Ouvrage d'architecture en forme de couronne ou de dais porté sur plusieurs colonnes.

Balèvre, *s. f.* Superflu d'une pierre près d'un joint dans l'intrados d'une voûte, sur le nu d'un mur qu'on retaille en les ragréant. C'est aussi un éclat d'un joint crevé, parce qu'il est trop serré.

BALIVEAUX, *s. m. pl.* Grandes perches qui servent à faire plusieurs échafauds, les uns sur les autres.

BALUSTRADE, *s. f.* Assemblage de plusieurs balustres servant d'ornement ou de clôture.

BALUSTRE, *s. m.* Espèce de petite colonne dont le chapiteau et la base sont ornés de moulures.

BANC, *s. m.* Chaque lit, chaque assise naturelle de pierre dans la carrière. On appelle *banc de ciel* le premier qui se rencontre en fouillant et que l'on réserve pour servir de plafond à la carrière. Les autres s'appellent *bancs de volée*.

BANDE, *s. f.* Moulure plate et de peu de largeur. On dit plus communément *plate-bande*.

BANDEAU, *s. m.* Archivolte simple de l'ordre toscan. *Bandeau* est aussi un chambranle de porte ou de fenêtre lorsqu'il n'y a aucune moulure. C'est encore la planche étroite dont on surmonte les lambris de menuiserie lorsque le plafond n'a pas de corniche.

BANDELETTE, *s. f.* Moulure plate au-dessus de l'ove, aux impostes ionique et corinthien, et sur la doucine de l'imposte composite. *Bandelette* se dit aussi de la moulure qui termine les architraves toscane et dorique, de même que de celle qui sert de chapiteau aux triglyphes.

BANDES, *s. f. pl.* Bossages dont on orne un édifice d'ordre rustique.

BANQUETTE, *s. f.* Petit chemin au-dessus du niveau de la rue, pour la commodité du public. *Banquette* se dit aussi d'un appui de croisée fort bas qui sert à s'asseoir.

BAPTISTÈRE, *s. f.* Chapelle dans laquelle on administre le baptême.

BARAQUE, *s. f.* Petit logement en planche ou en maçonnerie légère.

BARBACANE, *s. f.* Fente perpendiculaire qu'on pratique dans les murs de quelques terrasses pour l'écoulement des eaux, et dans ceux d'une forteresse pour pouvoir tirer à couvert sur l'ennemi.

BARDEAU, *s. m.* Petite planche taillée en forme de tuile dont on se sert pour couvrir les maisons, ou revêtir les murs dans certaines expositions.

BARLONG, *s. m.* Figure carrée plus longue que large.

BARREAU, *s. m.* Barre posée verticalement pour interdire le passage par quelque ouverture.

BARRIÈRE, *s. f.* Assemblage de plusieurs pièces de bois servant à fermer un passage.

BASE, *s. f.* Partie inférieure d'une colonne ou d'un pilastre qui, dans tous les ordres, a un demi-diamètre de hauteur.

La base *toscane* est la plus simple : elle a un plinthe, un tore et une ceinture. (Il est à remarquer qu'au toscan et au dorique cette dernière moulure fait partie de la base ; ce qui n'est point aux autres ordres.)

La base *dorique* a un astragale de plus que la base toscane.

La base *ionique* a un plinthe, deux scoties séparées par deux astragales et un gros tore au-dessus.

La base *corinthienne* a un plinthe, un tore sur ce plinthe, deux scoties séparées par deux astragales, et un autre tore sur le tout.

La base *composite* a un astragale de moins que la corinthienne.

Il y a encore la base *attique* : elle a un plinthe et deux tores séparés par une scotie. Suivant le sentiment de bien des gens de goût, cette dernière base est la plus belle de toutes par la régularité de ses proportions : elle convient à tous les ordres, excepté au toscan et au dorique. Quelques architectes cependant s'en sont servis à ce dernier ordre.

On dit que les astragales et tores qu'on met aux bases des colonnes ont été ainsi disposés d'abord pour imiter les cercles de fer dont on fortifiait les extrémités des troncs d'arbres qui servaient à soutenir les maisons.

Basilique, *s. f.* On appelle aiusi certaines églises construites à l'instar d'anciens édifices de ce nom qui furent la demeure des rois.

Basque, *s. f.* Pièce de plomb au droit des arêtiers, et sous les épis ou amortissements.

Bas-relief, *s. m.* Ouvrage de sculpture dont les figures demeurent en partie engagées dans le bloc. On l'emploie surtout pour l'ornement des frises, des pendentifs, des tympans de frontons et d'arcades, etc.

Basse-cour, *s. f.* Cour où se trouve tout ce qui est nécessaire pour le ménage de la campagne et où loge le fermier.

Bassin, *s. m.* Espace creux en terre, de figure ronde, ovale ou polygone, pour recevoir les eaux dans un jardin.

Bastide, *s. f.* Nom que l'on donne en Provence et en Gascogne à de petites maisons de campagne.

Batardeau, *s. m.* Construction pour détourner l'eau lorsque l'on veut construire une pile de pont, un quai, etc.

Bati, *s. m.* Assemblage de montans et traverses qui soutiennent les panneaux d'un ouvrage de menuiserie ou charpenterie.

Batiment, *s. m.* Signifie toute sorte de construction et ne diffère du mot *édifice* qu'en ce que ce dernier présente l'idée d'une certaine magnificence que ne comporte pas l'autre.

Batir, *v. a.* Construire, faire quelque édifice ou en donner les dessins et les exécuter, ou en faire la dépense.

Batisse, *s. f.* Tout ce qui concerne la maçonnerie d'un bâtiment.

Battant, *s. m.* Se dit de chacune des parties d'une porte qui s'ouvre en deux. C'est aussi toute pièce de bois qui forme les longs côtés d'un bâti dans lequel s'assemblent les traverses d'un ouvrage de charpente.

Battellement, *s. m.* L'extrémité la plus basse d'un toit.

Battement, *s. m.* Tringle de bois ou de fer qui recouvre la jonction des deux battants d'une porte, d'une croisée, etc.

BAUGE ou BAUCHE, *s. f.* Espèce de mortier fait de terre franche, de paille et de foin, dont on se sert dans quelques villages de France pour bâtir les murs de clôture et même les maisons. C'est aussi l'enduit qu'on met sur les murs de terre pour les conserver.

BAVETTE, *s. f.* Bande de plomb pour couvrir les bords des chéneaux ; on s'en sert aussi sur les couvertures d'ardoises : on la met au-dessous des bourseaux.

BEC, *s. m.* Moulure en filet au bord du larmier d'une corniche. On l'appelle aussi *mouchette pendante.*

BECS, *s. m. pl.* Masses de pierres de taille disposées en angles saillants sur les piles d'un pont de pierre. On appelle *avant-becs*, ceux qui sont opposés au fil de l'eau, et *arrière-becs*, ceux qui sont de l'autre côté.

BEFFROI, *s. m.* Tour d'observation dans laquelle est ordinairement une cloche d'alarme qui porte le même nom. C'est aussi un assemblage de charpente qui soutient les cloches.

BELVÉDÈRE, *s. m.* Petit pavillon élevé dont la vue s'étend fort loin.

BÉNITIER, *s. m.* Vase en pierre ou en marbre où l'on met l'eau bénite à l'entrée d'une église.

BERCEAU, *s. m.* Voûte cylindrique quelconque dont la courbure et la direction varient.

BERGERIE, *s. f.* Étable dans une basse-cour où l'on retire les moutons.

BERME, *s. f.* Espace qu'on laisse entre une levée et le bord d'un canal ou d'un fossé, pour empêcher que les terres, venant à s'ébouler, ne le remplissent.

BESAIGUE, *s. f.* Instrument de charpenterie tout de fer taillant par les deux bouts, mais plus large par l'un que par l'autre.

BÉTON, *s. m.* Espèce de mortier de ciment dont on se sert dans l'architecture hydraulique, parce qu'il a la propriété de se durcir dans l'eau. On l'emploie aussi au revêtement de certaines chaussées.

Biais, *s. m.* Obliquité résultant, dans le plan d'un édifice, de la rencontre de lignes qui ne sont pas d'équerre, c'est-à-dire, à angle droit.

Bibliothèque, *s. f.* Galerie, appartement ou chambre destinée à recevoir un grand nombre de livres.

Biseau, *s. m.* Se dit d'une extrémité coupée en talus. L'architecture admet un assez grand nombre de moulures ainsi taillées.

Blanchir, *v. a.* Mettre une ou plusieurs couches de lait de chaux sur une muraille. Raboter des ais. Nettoyer avec la lime des ouvrages de serrurerie.

Blason, *s. m.* Armoiries qu'on représente en sculpture ou en peinture, et dont on orne les frontons, mausolées, catafalques, etc.

Blettir, *v. a.* Faire chauffer une figure, une statue de bronze pour la dorer.

Bloc, *s. m.* Marbre brut, tel qu'on le tire de la carrière.

Blocage ou Blocaille, *s. m.* Menu moellon ou pierres qui servent à remplir les vides entre les parements des gros murs.

Bloquer, *v. a.* Élever des murs de moellons d'une grande épaisseur le long des tranchées, sans les aligner au cordeau, comme aux murs de pierres sèches. C'est aussi remplir les vides de moellon et de mortier sans ordre, comme on fait pour les ouvrages fondés dans l'eau.

Boiserie, *s. f.* Ouvrage de menuiserie formé d'assemblages, de panneaux, de plinthes, de cymaises, etc., que l'on applique sur les murs.

Boisseaux, *s. m. pl.* Vases sans fond ou tuyaux de terre cuite ou en fonte de fer, que l'on dispose dans l'épaisseur des murailles, ou en dehors, sous un enduit de plâtre, pour former les chausses des lieux d'aisance.

Boîte, *s. f.* Assemblage de planches formé pour revêtir une poutre.

Bombement, *s. m.* Convexité qui n'est jamais que

2.

d'une portion de cercle moindre que la demi-circonférence.

BOMBER, *v. a.* Faire un trait plus ou moins renflé.

BORDURE, *s. f.* Saillie carrée, ronde ou ovale qui environne un bas-relief, un tableau, un panneau de compartiment, etc.

BORNES, *s. f. pl.* Pierres qui servent à empêcher que les carrosses et autres voitures n'endommagent les édifices. *Bornes* se dit aussi des pierres qui marquent les limites d'une propriété.

BORNOYER, *v. a.* Voir et reconnaître à l'œil, si une pierre, une planche, etc., est d'alignement. C'est aussi placer des jalons pour tracer la ligne des fondations d'un mur ou celle d'une plantation d'arbres.

BOSSAGE, *s. m.* Pierre qu'on laisse dégauchie dans un bâtiment neuf pour y tailler ensuite des consoles, armoiries ou autres sculptures.

BOSSAGES, *s. m. pl.* Pierres en saillie au-delà de leurs joints, taillées à tête de diamant, etc., dont on orne quelques encoignures, portes ou petits édifices d'architecture rustique.

BOSSE, *s. f.* Relief d'une figure. On appelle ouvrages de *ronde-bosse*, les ouvrages de plein-relief, comme les statues.

BOUCLE, *s. f.* Petit cercle en forme d'anneau servant d'ornement à une moulure ronde.

BOUDOIR, *s. m.* Petit cabinet de retraite qui entre dans la distribution d'un appartement de femme.

BOUFFER ou BOUCHER, *v. n.* Se dit d'un mur dont les parements s'écartent, faute de liaison suffisante dans la construction.

BOUGE, *s. m.* Petite chambre sans cheminée.

BOULANGERIE, *s. f.* Lieu destiné à la préparation du pain, et qui comprend le dépôt de farine, le pétrin, le four, la paneterie.

BOULIN, *s. m.* Petite cavité qu'on ménage dans l'épaisseur des murs de colombiers, pour servir de retraite aux pigeons qui y établissent leur nid.

Boulingrin, *s. m.* Espèce de parterre composé de pièces de gazon, découpées avec bordures en glacis, environné d'arbres.

Boulon, *s. m.* Cheville de fer qui a une tête ronde à un bout et à l'autre une ouverture où l'on passe une clavette.

Bourriquet, *s. m.* Civière qui sert à enlever avec une grue des moellons ou du mortier dans des baquets.

Bourse, *s. f.* Vaste édifice dans lequel les négociants se rassemblent pour traiter de leurs affaires. On prétend que son nom lui vient d'une famille de Bruges, appelée *Van der Bourse*, devant la maison de laquelle eurent lieu les premières réunions de marchands.

Bourseau, *s. m.* Grosse moulure ronde que l'on forme sur la panne de brisis d'un comble.

Bousillage, *s. m.* Mélange de chaume et de terre détrempée dont on se sert pour bâtir, particulièrement dans les lieux où la pierre et le plâtre sont rares. On donne aussi par dérision le nom de *bousillage* à toutes sortes d'ouvrages de maçonnerie mal faits et peu solides.

Bousin, *s. m.* Substance molle qui se trouve à la surface des lits de la pierre de carrière, et qu'il faut enlever. Le *bousin* est à la pierre ce que l'aubier est au bois.

Boutique, *s. f.* Pièce par bas, ouverte sur la rue, où les marchands débitent les articles de leur commerce.

Boutisse, *s. f.* et *adj.* Pierre de taille dont la plus grande longueur entre dans le mur.

Bozel, *s. m.* Moulure ronde (voyez Tore).

Branche, *s. f.* Nervure d'ogive, enfourchement de voussoir.

Brandir, *v. a.* Percer un chevron et la panne, et les attacher ensemble par le moyen d'une forte cheville.

Brayers, *s. m. pl.* Cordages qui servent à élever le bourriquet avec lequel on porte les moellons et le mortier au haut des édifices.

Brèche, *s. f.* Rupture d'un mur de clôture. *Brèche*

est aussi le nom sous lequel on comprend toutes les sortes de marbres formés de fragments de rochers réunis par un ciment naturel.

Bride, *s. f.* Lien de fer avec lequel on embrasse une pièce de bois pour l'empêcher de s'éclater.

Brique, *s. f.* Pierre artificielle, faite d'argile cuite ou séchée à l'air. On appelle *briques de Chantignole,* celles qu'on emploie comme carrelage.

Briqueter, *v. a.* Imprimer un mur en plâtre avec de l'ocre rouge; puis y tracer des joints et des refends en blanc pour qu'il présente l'aspect d'un mur en brique.

Brisis, *s. m.* Partie supérieure d'une mansarde; c'est aussi l'endroit où le vrai comble se joint au faux.

Bronze, *s. m.* Alliage de cuivre rouge, de cuivre jaune et d'étain. Il se dit aussi d'une figure de bronze; *un beau bronze; il aime les bronzes,* etc.

Brut, te, *adj.* Se dit des pierres telles qu'elles sont au sortir de la carrière.

Buanderie, *s. f.* Salle pour faire la lessive.

Bûcher, *s. m.* Lieu où l'on serre le bois à brûler; il se dit aussi d'un grand amas de bois sur lequel on mettait anciennement les corps pour les brûler.

Buffet, *s. m.* Espèce d'armoire pour déposer la vaisselle et la desserte de table. On appelle *buffet,* la menuiserie où sont enfermées les orgues.

Bureau, *s. m.* Espèces de table à plusieurs tiroirs et tablettes où l'on enferme des papiers et sur laquelle on écrit; il se dit aussi d'une salle destinée pour y travailler à certaines affaires.

Buste, *s. m.* Ouvrage de sculpture, de peinture ou de gravure, représentant une figure humaine qui n'a que la tête et la partie supérieure du corps.

Butée, Butte, *s. f.* Massif de pierres dures qui, aux deux extrémités d'un pont, sert à soutenir la chaussée et à résister à la poussée des arcades.

Buter, *v. a.* Soutenir au moyen d'un contrefort ou d'un arc-boutant un mur, une voûte, etc., pour prévenir la poussée.

C

Cabinet, *s. m.* Petite pièce pour la toilette ou autres besoins. Il se dit aussi d'un lieu où l'on se retire pour travailler, renfermer des papiers, conserver des tableaux ou autres choses précieuses.

Cable, *s. m.* Grosse corde dont on se sert pour élever des poutres, des blocs de pierre, etc.

Cachot, *s. m.* Prison étroite, obscure et ordinairement souterraine.

Cadran, *s. m.* (horloge solaire). Superficie sur laquelle les heures sont marquées, et où il y a un style ou une aiguille qui, par son ombre, marque l'heure lorsque le soleil luit.

Cadre, *s. m.* Bordure carrée qui renferme un panneau ou bas-relief, un tableau, etc.

Cage, *s. f.* La cage d'un bâtiment est l'enceinte formée par les quatre gros murs. On appelle aussi *cage*, les murs sans plancher, entre lesquels est compris un escalier. L'assemblage de charpente, qui forme le corps d'un clocher, se nomme aussi *cage*.

Cailloutage, *s. m.* Ouvrage de cailloux ramassés, destiné à revêtir un talus, à paver une cour, etc.

Caisse, Caisson (voyez **Cassettes**).

Cale, *s. f.* Morceau de bois, quelquefois tampon d'étoupe, que l'on met entre les joints de lit des pierres ou entre des pièces de bois, afin d'en remplir le vide, les presser et poser à demeure.

Caler, *v. a.* Arrêter la pose d'une pierre, y mettre une cale de bois mince, de plomb ou de cuivre. C'est aussi mettre un petit morceau de bois sous quelque ouvrage de menuiserie, afin de le tenir ferme.

Calibre, *s. m.* Volume, grosseur, diamètre. C'est aussi un profil de bois, de tôle, ou de cuivre, chantourné en dedans pour traîner les corniches et les cadres de plâtre ou de stuc. *Calibre* se dit encore d'un ais qui a une entaille d'un angle rentrant et droit : il sert aux charpentiers, menuisiers, serruriers et autres ouvriers, pour prendre des mesures.

CALOTTE, *s. f.* Portion de voûte sphérique ou sphéroïde, pratiquée dans les plafonds.

CALQUER, *v. a.* Copier un dessin trait pour trait sur une muraille ou autrement.

CAMAYEU, *s. m.* Dessin ou tableau d'une seule couleur.

CAMBRER, *v. n.* Courber les membrures, planches et autres pièces de bois pour quelque ouvrage cintré.

CAMPANE, *s. f.* Vase des chapiteaux corinthien et composite. *Campanes* se dit aussi de divers ornements de sculpture en forme de houppes ou de cloches.

CAMPANILE, *s. m.* Petit clocher à jour, tel que celui dont on a coutume de couronner les dômes; on l'appelle aussi *lanterne*.

CANAL, *s. m.* Conduit par où l'eau passe.

CANAUX, *s. m. pl.* Petites cannelures sur une fasce ou sur un larmier, qu'on nomme aussi *postes*; ils sont quelquefois remplis de fleurons ou roseaux. *Canaux* se dit aussi des cavités droites ou torses, dont on orne les tigettes des caulicoles. *Canaux* se dit encore des creux du triglyphe qui sont séparés par les cuisses.

CANCEL, *s. m.* Vieux mot, qui signifie la partie la plus reculée du chœur d'une église.

CANDÉLABRE, *s. m.* Amortissement en forme de grand balustre, imité du guéridon antique qui porte le même nom.

CANNE, *s. f.* Mesure romaine, composée de dix palmes et égale à 6 pieds 11 pouces de France, ou 2 mètres 23 centimètres.

CANNELURE, *s. f.* Petite cavité en arc de cercle que l'on taille du haut en bas du fût d'une colonne ou de la face d'un pilastre. *Cannelure* se dit aussi de toute autre cavité qui imite les cannelures des colonnes.

CANONNIÈRE, *s. f.* Ouverture qu'on laisse dans les murs de terrasse pour évacuer les eaux.

CANONS DE GOUTTIÈRE, *s. m. pl.* Tuyaux de plomb au

haut de l'entablement d'un édifice, pour faire écouler les eaux de pluie.

Carcasse, *s. f.* On nomme ainsi le bâti d'une feuille de parquet, garni de toutes ses traverses, où il ne manque plus que les carreaux de remplissage.

Cariatide, *s. f.* Figures d'hommes ou de femmes employées au lieu de colonnes ou de pilastres, pour soutenir l'architrave qu'elles portent sur leur tête. Chez les Grecs la *cariatide* était toujours une figure de femme vêtue de la longue robe des femmes de Carie, dans le Péloponnèse. On appelle *ordre cariatide*, l'espèce d'architecture dans laquelle on emploie les cariatides au lieu de colonnes.

Carreau, *s. m.* Pierre dont la plus grande dimension est posée en parement et la plus petite en boutisse, c'est-à-dire dans l'épaisseur du mur. *Carreau* se dit aussi du pavé des chambres, salles, églises, etc., de quelque matière et figure qu'il puisse être. Les vitriers disent aussi *carreaux* de verre, etc.

Carrefour, *s. m.* Point où aboutissent et où se croisent plusieurs rues ou chemins.

Carrelage, *s. m.* Assemblage ou pose des carreaux pour le revêtement d'un plancher.

Carreler, *v. a.* Poser les carreaux.

Carreleur, *s. m.* Ouvrier qui fait le carrelage.

Carrière, *s. f.* Excavation d'où l'on tire la pierre, le plâtre, le marbre, l'ardoise, etc.

Carton, *s. m.* Dessin en contour chantourné sur une feuille de carton ou de fer-blanc, pour tracer le profil des corniches et lever les panneaux de dessus l'épure. Ces feuilles s'appellent aussi *calibres*.

Cartouche, *s. m.* Ornement de sculpture servant de cadre à une inscription, à des armoiries, à un bas-relief, etc.

Cascade, *s. f.* Chute d'eau ménagée de diverses manières pour l'ornement des jardins, et ordinairement revêtue de pierre et de marbre taillés, avec des vases, des statues, etc.

CASERNE, *s. f.* Vaste édifice dans une ville de guerre ou de garnison, distribué pour le logement des soldats et des officiers.

CASSETTES ou **CAISSES**, *s. f. pl.* Renfoncements carrés, ornés de roses entre les modillons ; on met aussi des *cassettes* dans quelques compartiments de plafonds et voûtes.

CASSOLETTE, *s. f.* Vase de sculpture avec des flammes ou de la fumée : il représente un réchaud à brûler des parfums et sert d'amortissement.

CATACOMBES, *s. f. pl.* Vastes carrières disposées pour recevoir les ossements humains provenant des exhumations des cimetières.

CATAFALQUE, *s. m.* Représentation d'un mausolée sur un bâti de charpente : c'est un cercueil élevé sous un baldaquin décoré de Vertus, de Génies, de blasons et divers ornements funéraires.

CATHÉDRALE, *s. f.* Église épiscopale ; elle ne diffère des églises ordinaires que parce qu'on y réserve dans le chœur la place d'un siége surmonté d'un dais pour le prélat.

CATHÈTE, *s. f.* (terme de géométrie). Perpendiculaire, C'est aussi un axe ou une ligne qu'on suppose traverser perpendiculairement le centre d'une colonne, d'un cylindre, etc.

CAULICOLES, *s. f. pl.* Petites tiges en forme de cornets d'où naissent les volutes et les hélices du chapiteau corinthien ; elles sont ordinairement cannelées, et à l'endroit où sortent les feuilles qui soutiennent les volutes et les hélices, elles ont un lien contrefleuré.

CAVE, *s. f.* **CAVEAU**, *s. m.* Lieu souterrain et voûté où l'on met du vin et d'autres provisions.

CAVET, *s. m.* Membre creux, ou moulure rentrante, dont le profil est d'un quart de cercle : il fait partie des corniches.

CEINTURE, *s. f.* Listel qui fait partie des bases toscane et dorique et du fût des colonnes ionique, corinthienne et composite.

CELLIER, *s. m.* Pièce par bas, destinée à serrer le vin et les boissons. *Le cellier* diffère de la cave en ce qu'il n'est pas aussi enfoncé au-dessous du sol et que d'ordinaire il n'est pas voûté.

CELLULE, *s. f.* Chambre d'un monastère, destinée à un religieux.

CÉNOTAPHE, *s. m.* Tombeau vide dressé à la mémoire d'un mort.

CHAÎNES, *s. f. pl.* Jambes de pierre de taille aux encoignures des pavillons, aux murs de clôture, et autres.

CHAIRE, *s. f.* Tribune élevée dans une église, à l'usage du prédicateur.

CHAISE, *s. f.* Assemblage de quatre fortes pièces de charpente, sur lequel on établit la cage d'un clocher, d'un moulin à vent, etc.

CHALUDIQUE, *s. f.* Salle des anciens palais où l'on rendait la justice et où, selon d'autres versions, on fabriquait les monnaies.

CHAMBRANLE, *s. m.* Bande en saillie sur le nu du mur, autour d'une baie de porte, de fenêtre ou de cheminée. Les *chambranles* sont en bois, en pierre, en marbre, et ornés de moulures et de sculptures.

CHAMBRE, *s. f.* Se dit de toutes les pièces d'une maison et particulièrement de celle où l'on couche. Dans l'architecture hydraulique la *chambre d'écluse* est l'espace compris entre deux portes d'écluse. *Chambre obscure* ou *chambre noire*, instrument d'optique dont on se sert pour esquisser avec exactitude et d'une manière expéditive des vues très-compliquées.

CHAMP, *s. m.* La partie rase, unie, sur laquelle le sculpteur applique un ouvrage de demi-bosse ou de bas-relief. *De champ* s'emploie adverbialement pour désigner certaines positions des objets; quelquefois il s'entend d'un corps étendu parallèlement à l'horizon, et est ainsi le contraire de *debout*; mais plus généralement on l'emploie pour déterminer la position d'un corps dont l'épaisseur est moindre que l'étendue et que l'on a dressé sur l'une de ses faces les plus étroites.

Chandelier, *s. m.* Sorte de décoration dans l'architecture hydraulique.

Chanfrein, *s. m.* Pan qui se fait en rabattant l'arête d'une pierre, d'une pièce de bois, d'une barre de fer, etc.

Chanfreiner, *v. a.* Couper en biaisant l'arête d'une pierre, d'une pièce de bois; ôter la vive arête de certains ouvrages de serrurerie.

Chantepleure, *s. f.* Ouverture longue et étroite, pratiquée dans les murs de clôture ou de terrasse qui sont près des rivières, pour donner issue aux eaux, lorsqu'elles s'avancent ou se retirent dans le mouvement des débordements. On dit aussi *barbacane*.

Chantier, *s. m.* Lieu où l'on dépose les matériaux d'un bâtiment pour les tailler. Les charpentiers appellent aussi *chantier* les pièces de bois sur lesquelles ils travaillent.

Chantourner, *v. a.* Couper et évider une pièce de bois, de fer ou de plomb, selon un profil courbe donné par l'architecte.

Chape, *s. f.* Enduit de mortier dont on recouvre l'extrados d'une voûte, pour prévenir l'infiltration des eaux.

Chapelet, *s. m.* Moulure formée d'une suite de grains ronds ou ovales. On l'emploie ordinairement pour l'astragale des chapiteaux. Dans l'architecture hydraulique le *chapelet* est une machine qui sert à élever les eaux, et qui est composée d'une suite de godets ou de seaux attachés à une chaîne.

Chapelle, *s. f.* Petit édifice consacré à Dieu. Les *chapelles* sont en usage depuis plus de dix siècles : on dit que leur origine fut à la guerre, où les rois qui étaient à la tête de leurs troupes, ne pouvant entendre la messe dans les églises qui étaient éloignées, la faisaient dire au milieu du camp, sous une tente couverte d'une étoffe de poil de chèvre : c'est pourquoi on fait venir le mot *chapelle* du latin *capella* (une chèvre).

Chaperon, *s. m.* Couronnement d'un mur de clôture, disposé en forme de toit pour faciliter l'écoulement des eaux.

CHAPITEAU, *s. m.* Partie supérieure d'une colonne ou d'un pilastre. Le chapiteau *toscan* a un gorgerin, un annelet, un ove et un tailloir.

Le chapiteau *dorique* a un gorgerin, trois annelets, un axe, un abaque couronné d'un talon et d'un filet. Il y a un chapiteau dorique qui n'a qu'un annelet, un astragale ; d'ailleurs, il est semblable au précédent.

Le chapiteau *ionique* antique a une échine, des volutes et un abaque formé d'un talon couronné d'un filet. Ces volutes représentent sur le côté un coussinet, que quelques-uns appellent *balustre*, à cause qu'il l'imite par sa forme. Le chapiteau *ionique* moderne a des volutes angulaires, une échine, et son abaque a ses faces échancrées.

Le chapiteau *corinthien* a deux rangs de feuilles d'acanthe, des caulicoles, huit volutes angulaires, huit hélices, deux au milieu de chaque face ; son abaque, est en adoucissement et se termine en un filet couronné d'un ove ; il est échancré, et chacune de ses faces a une rose qui pend sur les hélices.

Le chapiteau *composite* a deux rangs de feuilles de persil ou autres feuilles, des volutes qui naissent au-dessus de l'échine, et son abaque est assez semblable à celui du chapiteau corinthien.

On appelle *chapiteau de triglyphe*, une bandelette qui fait ressaut sur les triglyphes.

CHAPITRE, *s. m.* Grande salle où se tiennent les assemblées des chevaliers, chanoines et religieux.

CHARDONS, *s. m. pl.* Pointes qui terminent une grille de fer : on en met aussi quelquefois sur le chaperon d'un mur ou autres endroits, dont on veut empêcher l'escalade.

CHARNIER, *s. m.* Portique construit dans un cimetière, pour déposer les ossements décharnés, à mesure qu'ils se présentent sous la pioche du fossoyeur.

CHARPENTE, *s. f.* Ouvrage de pièces de bois, taillées, équarries, disposées ou assemblées.

CHASSIS, *s. m.* Ouvrage de menuiserie, composé de

plusieurs pièces, qui forment ordinairement des carrés, pour enchâsser des vitrages ou étendre de la toile, du papier, etc.

CHATEAU, *s. m.* Forteresse environnée de fossés et de murs, flanquée de tours et de bastions. Il se dit aussi de la résidence des princes, des grandes maisons de plaisance, etc. *Château-d'eau* (architecture hydraulique). Bâtiment disposé pour servir de réservoir à des eaux qui se distribuent ensuite dans les divers quartiers d'une ville.

CHAUFFOIR, *s. m.* Salle commune avec poêle et cheminée dans les hôpitaux, les couvents, les prisons, etc.

CHAUSSE D'AISANCE, *s. f.* Tuyau de descente d'un siége de commodités jusqu'à sa fosse.

CHAUSSÉE, *s. f.* Construction de pieux, fascines, pierres, terres, etc., pour soutenir l'eau d'une rivière, d'un étang, etc., ou pour servir de chemin dans les lieux marécageux.

CHAUX, *s. f.* Pierre calcinée par le feu, et qui alors s'échauffe avec l'eau et prend de la liaison quand on y joint du sable.

CHEF-D'ŒUVRE, *s. m.* Ouvrage exquis et extraordinaire de quelque art ou science.

CHEMIN, *s. m.* Voie, route par où l'on va d'un lieu à un autre.

CHEMINÉE, *s. f.* C'est proprement le tuyau par où passe la fumée; mais on a étendu ce terme à l'endroit où l'on fait le feu dans les maisons, au chambranle qui l'encadre, etc.

CHEMISE, *s. f.* Crépi en maçonnerie d'un pan de bois, enveloppe en chaux et ciment, etc.; ensemble du badigeon.

CHÉNEAU, *s. m.* Canal de plomb sur l'entablement d'un édifice pour l'écoulement des eaux de pluie.

CHENIL, *s. m.* Bâtiment chez le roi et les princes, où logent les officiers de la vénerie, les valets qui servent à la chasse, et où l'on retire les chiens. C'est aussi, dans un château particulier, une salle basse où l'on met les chiens de chasse.

CHERCHE, *s. f.* Toute courbe à plusieurs centres qu'on ne peut décrire d'un seul trait, sans changer de place la pointe du compas. On appelle aussi *cherche* ou *calibre*, une planche de volige découpée, pour régler les saillies et les cavités d'une pierre qu'il s'agit de tailler.

CHÉRUBIN, *s. m.* Ouvrage de sculpture ou de peinture, qui représente une tête d'enfant avec des ailes.

CHEVALEMENT, *s. m.* Espèce d'étai qui sert à soutenir des parties de bâtiment qu'on reprend par sous-œuvre.

CHEVALER, *v. a.* Se servir de chevalets.

CHEVALET, *s. m.* Pièce de bois, assemblée en travers sur d'autres pièces à plomb, pour soutenir des planches, des solives, etc.

CHEVET, *s. m.* Partie la plus reculée de l'intérieur d'une église derrière le maître-autel, et ordinairement de forme circulaire. On l'appelle aussi *rond-point*, et *abside* ou *apsis*.

CHEVÊTRE, *s. m.* Pièce de bois qui porte les solives coupées à l'endroit de la cheminée, pour donner passage aux tuyaux et prévenir le danger du feu.

CHEVILLE, *s. f.* Morceau de bois ou de fer, qui va en diminuant et qu'on fait entrer dans un trou, pour le boucher ou faire des assemblages.

CHEVRON, *s. m.* Pièce de bois de sciage équarrie, sur laquelle on attache les lattes pour la couverture du toît.

CHIFFRE, *s. m.* Entrelacement de lettres fleuronnées en bas-relief, incrustées, ou à jour, dont on orne quelques dés de piédestaux, tympans de frontons, panneaux, etc.

CHIMÈRE, *s. f.* Ouvrage de sculpture représentant un monstre dont la fable fait mention : il avait la tête d'un lion, le corps d'une chèvre et la queue d'un dragon.

CHŒUR, *s. m.* La partie de l'église où l'on chante l'office divin et où se trouve le maître-autel.

CIBOIRE, *s. m.* Espèce de dais porté par quatre colonnes et formé d'une voûte d'ogive à quatre lunettes.

CIEL, *s. m.* On nomme ainsi le premier banc de pierre qu'on rencontre en creusant un puits de carrière, et qu'on laisse subsister pour lui servir de plafond. Dans cette acception on dit au pluriel *ciels*, et non pas *cieux*.

CIMENT, *s. m.* Mortier propre à lier les pierres. Il se fait ordinairement avec des tuiles concassées et mêlées avec de la chaux.

CIMETIÈRE, *s. m.* Terrain clos de murs, destiné à la sépulture des morts.

CINTRE, *s. m.* Trait d'un arc ou figure courbe qu'on donne à une voûte. On appelle encore *cintre*, l'espèce d'étage au-dessus de l'avant-scène d'un théâtre, dans lequel se lève la toile. *Cintres*, assemblages de planches et autres pièces de bois, dont on se sert pour la construction des voûtes.

CINTRER, *v. a.* Commencer à faire les voûtes, ou mettre la charpente sur laquelle on les construit.

CIPPE, *s. m.* Colonne tronquée, ou pilier carré de peu de hauteur, dont la partie supérieure est arrondie en demi-cercle. On l'emploie à l'ornement des tombeaux.

CIRCONFÉRENCE, *s. f.* Ligne qui renferme un espace circulaire, ou surface qui termine une chose ronde. *Circonférence* s'entend aussi du pourtour des figures irrégulières.

CIRCONVOLUTIONS, *s. f. pl.* Tours de la ligne spirale, de la volute ionique et autres volutes.

CIRCUIT, *s. m.* Contour d'un espace de grande étendue.

CIRQUE, *s. m.* Lieu où se donnaient chez les anciens diverses sortes de spectacles et de jeux qui exigeaient un grand espace. L'enceinte du cirque avait la forme d'un fer à cheval très-allongé.

CISEAU, *s. m.* Outil de fer qui sert à tailler, à couper la pierre, le bois, le fer, etc.

CITERNE, *s. f.* Lieu ordinairement souterrain, où se rassemblent et se conservent les eaux amenées par les chéneaux et tuyaux de descente, pratiqués à cet effet à l'entour des combles des maisons.

CIVIÈRE, *s. f.* Sorte de petit brancard que deux hommes portent.

Claie, *s. f.* Ouvrage à claire-voie en forme de carré long, et fait ordinairement de brins d'osier.

Claire-voie, *s. f.* Ouvrage de charpente, de menuiserie ou d'osier, dont les pièces laissent du jour entre elles.

Claveau, *s. m.* Pierre taillée en coin; elle sert à construire les voûtes plates ou carrées, comme celles des portes, des fenêtres, etc.

Clausoir, *s. m.* La dernière pierre que l'on pose dans un mur ou dans une voûte, pour remplir le dernier espace qui y restait vide.

Clavette, *s. f.* Petit morceau de fer pointu et plat; il sert à entrer dans le trou d'un boulon ou d'une cheville pour l'arrêter.

Clef, *s. f.* Petit instrument de fer qui sert à faire mouvoir le pêne d'une serrure. *Clef,* dernière pierre qu'on met au haut d'une voûte. C'est aussi un voussoir qui partage en deux parties égales un bandeau, une archivolte, etc.

Cloaque, *s. m.* Aqueduc souterrain destiné à l'écoulement des eaux chargées d'immondices.

Cloque, *s. f.* Instrument fait de métal, creux, ouvert, qui va en s'élargissant par en bas, et au milieu duquel il y a un battant pour en tirer du son.

Clocher, *s. m.* Bâtiment de maçonnerie ou de charpente, où les cloches sont pendues.

Clochette, *s. f.* (voyez Gouttes).

Cloison, *s. f.* Espèce de petit mur de séparation, fait ordinairement en briques ou en planches.

Cloisonnage, *s. m.* Cloison de charpente.

Cloître, *s. m.* Partie d'un monastère qui est disposée en forme de galerie, ayant quatre côtés avec un jardin ou une cour au milieu.

Clôture, *s. f.* Muraille, grille, fossé, etc., qui environne un espace.

Clou, *s. m.* Petit morceau de fer ou d'autre métal, qui a ordinairement une tête et une pointe, et qui sert à attacher ou à pendre quelque chose.

COIN, *s. m.* (terme de mécanique). Pièce de bois ou de fer, plate et fort aiguë, qui sert à fendre, presser ou élever d'autres corps.

COLLATÉRAL, *s. m.* Aile ou nef des bas côtés d'une église.

COLLET, *s. m.* La partie la plus étroite d'une marche tournante dans un escalier à vis.

COLLIER ou GORGERIN, *s. m.* Partie du chapiteau dorique ou toscan. On appelle aussi *collier*, l'astragale taillé en perles ou en olives.

COLOMBAGE, *s. m.* Rang de colombes posées à plomb dans une cloison.

COLOMBES, *s. f. pl.* Solives qu'on pose perpendiculairement dans une sablière, pour faire des maisons, des granges de charpente, etc.

COLONNADE, *s. f.* Série symétrique de colonnes rangées pour l'ornement d'un édifice, d'une place publique, etc.

COLONNE, *s. f.* Pilier rond, bien proportionné. La *colonne* a trois parties : une base, un fût et un chapiteau. Selon Vitruve, livre V, chap. 1.er, elle doit être plus grosse en sa partie inférieure, à l'imitation des arbres. Il y a cinq espèces de colonnes : la *toscane*, la *dorique*, l'*ionique*, la *corinthienne* et la *composite*. La colonne toscane a sept diamètres de hauteur, la dorique huit, l'ionique neuf, les corinthienne et composite dix.

COLOSSE, *s. m.* Statue d'une grandeur prodigieuse.

COMBLE, *s. m.* Faîte d'un bâtiment.

COMMISSURES, *s. f. pl.* Joints de pierres.

COMMUN, *s. m.* Bâtiment avec cuisines et offices, où l'on apprête les viandes pour les tables des officiers chez le roi et les princes.

COMPARTIMENT, *s. m.* Assemblage de plusieurs figures formées par des lignes droites ou courbes, disposées symétriquement.

COMPAS, *s. m.* Instrument composé de deux pièces qu'on appelle branches ou jambes, réunies au bout d'en haut par une charnière. Cet instrument sert à mesurer, à décrire des cercles, etc.

COMPOSITE, *s. m. et adj.* Ordre d'architecture dont les ornements sont tirés de l'ionique et du corinthien.

CONDUIT, *s. m.* Canal artificiel par où coulent les eaux.

CONDUITE, *s. f.* Suite de tuyaux formant un conduit.

CÔNE, *s. m.* (terme de géométrie). Corps solide ayant un cercle pour base; il se termine en pointe arrondie.

CONGÉ, *s. m.* (voyez APOPHYGE).

CONGÉLATIONS, *s. f. pl.* Espèce d'ornement de sculpture, imité des effets de l'eau arrêtée en glaçons.

CONQUE, *s. f.* Ouvrage de sculpture de marbre ou autre matière, en forme de grande coquille.

CONSOLE, *s. f.* Ornement en saillie, qui sert de support à une corniche, à un balcon, au piédouche d'un buste ou d'un vase.

CONSTRUCTEUR, *s. m.* Celui qui a fait son étude de la partie de l'architecture qui a pour objet la construction.

CONSTRUCTION, *s. f.* Assemblage, dans l'ordre convenable des pierres, charpentes, matériaux de toutes espèces qui entrent dans un édifice.

CONSTRUIRE, *v. a.* Élever un édifice; bâtir.

CONTOUR, *s. m.* Ligne qui termine une figure, qui en marque la forme.

CONTOURNER, *v. a.* Donner à une figure le contour qu'elle doit avoir. Il signifie aussi la forcer dans sa pose.

CONTRACTURE, *s. f.* Rétrécissement ou diminution du fût d'une colonne dans sa partie supérieure.

CONTRASTE, *s. m.* Position différente de figures dans un même groupe.

CONTRASTER, *v. a. et n.* Éviter la continuité des mêmes ornements pour varier une façade, comme lorsque l'on couronne les croisées de fronteaux cintrés et triangulaires alternativement. *Contraster* en peinture et en sculpture, c'est varier les actions, les attitudes et les dispositions des figures.

CONTRE-ALLÉE, *s. f.* Allée parallèle à une allée principale.

CONTRE-BAS. *En contre-bas*, expression adverbiale pour marquer la direction de haut en bas.

CONTRE-BOUTER, *v. a.* (voyez ARC-BOUTER).

CONTRE-CHASSIS, *s. m.* Châssis qu'on place au devant d'un autre pour rendre un appartement plus clos.

CONTRE-CLEF, *s. f.* Le voussoir ou le claveau d'un arc ou d'une plate-bande, qui est posé immédiatement à droite ou à gauche de la clef.

CONTRE-CŒUR, *s. m.* On appelle ainsi le fond de la cheminée, revêtu d'un petit contre-mur en briques ou d'une plaque de fonte.

CONTREFICHES, *s. f. pl.* Pièces d'un assemblage de charpente, qui servent à en lier d'autres et à les soutenir.

CONTREFORTS ou ÉPERONS, *s. m. pl.* Piliers de pierre de taille en talus, pour fortifier les murs de quelques terrasses.

CONTREFRUIT, *s. m.* Diminution intérieure d'un mur de face, qui fait l'effet contraire du fruit.

CONTRELATTER, *v. a.* Couvrir de lattes un pan ou une cloison devant et derrière, pour l'enduire ensuite de mortier ou de plâtre.

CONTRE-MUR, *s. m.* Petit mur construit contre un autre mur, pour garantir celui-ci des dommages auxquels il pourrait être exposé.

CONTRE-RETABLE, *s. m.* On nomme ainsi le panneau du lambris au-dessus d'un autel adossé, que l'on revêt ordinairement d'un tableau ou d'un bas-relief.

CONTREVENT, *s. m.* Grand volet en bois qu'on met en dehors des baies de fenêtres, pour garantir les croisées des injures de l'air. On appelle aussi *contrevent* une pièce de charpente posée obliquement en contre-boutant entre deux formes de comble, pour empêcher l'ébranlement que pourrait occasionner l'action du vent.

CONTREVENTER, *v. a.* C'est contre-bouter les pièces d'àplomb d'un pan de bois ou d'un comble par des pièces obliques.

CONVEXE, *adj.* Se dit d'une surface sphérique qui a de la courbité.

Convexité, *s. f.* Surface extérieure d'une voûte.

Coquille, *s. f.* Voûte formée d'un quart de sphère, qui fait la partie supérieure d'une niche en arcade de plein-cintre. *Coquille d'escalier*, c'est le dessous de l'assemblage des marches d'un escalier, ou l'intrados de la voûte rampante formée par cet assemblage. On donne aussi le nom de *coquille* à un ornement imité des conques marines.

Corbeau, *s. m.* Grosse pierre de taille en saillie, pour soutenir une poutre, un balcon, etc. On fait aussi des corbeaux de fer qui servent au même usage.

Corbeille, *s. f.* Ouvrage de sculpture, qui représente un panier rempli de fleurs et de fruits.

Cordage, *s. m.* Terme général qui comprend toutes les cordes dont on se sert pour la construction des édifices.

Cordeau, *s. m.* Petite corde longue et menue, pour lever des plans, pour tracer des dessins de bâtiment, de parterres, jardins, etc.

Cordelière, *s. f.* Baguette sculptée en forme de corde.

Cordon, *s. m.* Rang de pierres arrondies en forme de tore; il termine le talus d'un rempart, d'un mur de terrasse, etc.

Corinthien, *s. m.* et *adj.* Vitruve rapporte l'origine de cet ordre, liv. IV, chap. 1.ᵉʳ Il dit qu'une jeune fille de Corinthe étant morte, sa nourrice posa sur son tombeau, dans un panier, quelques petits vases qu'elle avait aimés pendant sa vie, et afin que le temps ne les gâtât pas sitôt, étant à découvert, elle mit une tuile sur le panier, posé par hasard sur la racine d'une plante d'acanthe. Il arriva, lorsqu'au printemps les feuilles et les tiges commencèrent à sortir, que le panier, qui était sur le milieu de la racine, fit élever le long de ses côtés les tiges de la plante, qui, rencontrant les coins de la tuile, furent contraintes de se recourber en leur extrémité et faire le contournement des volutes.

Corne, *s. f.* Coin du tailloir et de l'abaque. *Corne*

d'abondance, ouvrage de sculpture en forme de corne d'où sortent des fruits, des fleurs, etc.

CORNICHE, *s. f.* Ornement d'architecture en saillie, qui est au-dessus de la frise et qui termine les entablements.

La corniche *toscane* a un talon, un larmier, un astragale, un ove et deux filets, dont l'un couronne le talon et l'autre le larmier.

La corniche *dorique* a une bandelette posée sur les triglyphes (elle leur sert de chapiteaux), un talon, le denticule, un larmier, un autre talon, un cavet, un réglet et trois filets qui séparent les grandes moulures. Il y a une autre corniche dorique, qui diffère de la précédente en ce que, au-dessus de la bandelette, il y a un filet, un ove, les mutules, leur talon, un larmier, un talon, un filet, une doucine et un réglet.

La corniche *ionique* a un talon, le denticule, un filet, un astragale, un ove, un larmier, un talon, une doucine et un réglet.

La corniche *corinthienne* a un talon, le denticule, un filet, un astragale, un ove, des modillons, un larmier, un petit talon avec un filet au-dessus, et se termine par une doucine et un réglet.

La corniche *composite* a un ove, le denticule, un talon, un filet, un larmier, un astragale, un petit talon, une doucine et un réglet.

On appelle corniche *architravée*, un entablement dont la frise est supprimée. Il y a aussi la corniche d'appartement, qui couronne le lambris de revêtement des murs, immédiatement au-dessous du plafond.

CORNIER, *adj.* Spécifie le poteau ou le pilastre, qui forme l'encoignure d'un bâtiment, soit en angle saillant, soit en angle rentrant.

CORPS DE GARDE, *s. m.* Petit pavillon destiné à loger des soldats et l'officier commis à la garde d'un poste.

CORPS DE LOGIS, *s. m.* Est toute la partie de bâtiment comprise entre deux murs de face.

CORRIDOR, *s. m.* Passage étroit et long qui conduit

à plusieurs chambres ou petits appartemens séparés l'un de l'autre.

CORROI, *s. m.* Lit ou contre-mur de terre glaise, de sable pétri, etc., dont on garnit le fond et les côtés des bassins pour empêcher l'infiltration des eaux.

CÔTE, *s. f.* Plein entre les cavités des cannelures. *Côtes* se dit aussi des saillies qui excèdent le nu de la convexité d'un dôme et la partagent également, comme aussi de plusieurs autres saillies qui divisent l'intrados d'une voûte sphérique, d'un plafond, etc.

COTER, *v. a.* Écrire sur un plan, une coupe ou une élévation géométrale, les mesures de chaque partie.

COU ou COUP DE CROCHET, *s. m.* On appelle ainsi le petit dégagement entre deux moulures rondes.

COUCHE, *s. f.* Enduit de plâtre pour rendre une muraille unie, ou de ciment pour former le lit d'un canal. *Couche*, en terme de peinture, est un enduit de couleur ou de vernis.

COUCHIS, *s. m.* Lit de sable sur les madriers d'un pont de bois pour y asseoir le pavé.

COUDE, *s. m.* Angle saillant que forme la rencontre de deux murs.

COUDÉE, *s. f.* Mesure des anciens, qui a eu d'abord pour type vague la longueur de l'avant-bras, depuis l'extrémité du coude jusqu'à l'extrémité des doigts, la main étant étendue. Des archéologues croient que cette mesure représente dix-neuf pouces, six lignes du pied de France.

COUETTE, *s. f.* (voyez CRAPAUDINE).

COULER, *v. a.* Couler les joints des dalles de pierres et des marches d'un perron, c'est fermer ces joints par l'entremise du plomb fondu.

COULIS, *s. m.* Plâtre gâché clair pour remplir les joints des pierres et les ficher.

COUPE, *s. f.* Dessin géométral de la section verticale d'un édifice. *Coupe de pierres* est l'art de tailler les pierres pour former, par leur assemblage, des arcs, des voûtes, des pièces, etc., construction de toutes les formes. *Coupe*, espèce de vase, qui entre fréquemment dans l'ornement d'architecture. Les Italiens appellent *navicelle*, l'espèce de coupe dont le plan est ovale et le profil cambré.

COUPE DE FONTAINE (voyez VASQUE).

COUPER, *v. a.* En architecture, *couper le trait* ou *couper de trait*, c'est faire avec de la craie, du plâtre ou du bois, le modèle en petit d'une pièce de construction.

COUPOLE, *s. f.* Partie concave d'une voûte sphérique, telle que l'intérieur d'un dôme. Quelquefois on se sert indistinctement des mots *coupole* et *dôme*, pour désigner l'ensemble de la voûte sphérique.

COUR, *s. f.* Terrain à découvert entouré de murs ou de bâtiments.

COURBE, *s. f.* Toute pièce coupée en arc, servant à former des parties circulaires.

COURONNE, *s. f.* L'un des membres de la corniche, que l'on nomme plus ordinairement larmier.

COURONNEMENT, *s. m.* Partie supérieure qui termine un ouvrage.

COURONNER, *v. a.* Terminer une décoration avec amortissement.

COURS D'ASSISE, *s. m.* Rang contenu de pierres de niveau et de même hauteur dans toute la longueur d'une façade.

COURS DE PANNES, *s. m.* Suite de plusieurs pannes bout à bout dans le long pan d'un comble.

COURS DE PLINTHE, *s. m.* Continuité d'une plinthe dans les murs de face, pour marquer la séparation des étages : on dit aussi simplement *la plinthe ;* le genre féminin la distingue du plinthe d'une base de colonne.

COUSSINET, *s. m.* Partie latérale du chapiteau ionique antique, d'où naissent les volutes.

COUTURE, *s. f.* (terme de plombier). Manière d'accommoder le plomb sur les couvertures : c'est lorsque les tables sont jointes et attachées avec des clous.

COUVERTURE, *s. f.* Assemblage d'ardoises, de tuiles,

de feuilles de plomb, etc., qui recouvre le toit de tout édifice.

Couvreur, *s. m.* Artisan dont le métier est de couvrir les maisons.

Craie, *s. f.* Sorte de pierre tendre, qui est blanche et propre à marquer.

Crampon, *s. m.* Morceau de fer dont les extrémités sont recourbées. Il sert à attacher des pierres, des pièces de bois, etc.

Crapaudine, *s. f.* Cube de fer ou de bronze, creusé dans le milieu d'une de ses faces pour recevoir le pivot d'une porte, celui de l'arbre d'une machine, etc. On appelle aussi *crapaudine*, la soupape de décharge de fond d'un bassin, d'un réservoir, d'une baignoire, etc. *Crapaudine* est encore le nom que l'on donne à une plaque de tôle ou de plomb, percée de plusieurs trous, qu'on place à l'entrée d'un tuyau, pour empêcher les corps solides de passer avec l'eau.

Crayon, *s. m.* Substance crayeuse ou de toute autre espèce, naturelle ou artificielle, propre à dessiner.

Crèche, *s. f.* Espèce d'éperon bordé de pieux et rempli de maçonnerie, qui environne une pile de pont.

Crédence, *s. f.* Petite table à côté d'un autel. Autrefois on donnait ce nom à la pièce de distribution des vivres dans un établissement public, comme couvent, collége, etc.

Créneau, *s. m.* Une de ces pièces de maçonnerie qui sont coupées en forme de dents et séparées l'une de l'autre par intervalles égaux, au haut des anciens remparts d'une ville ou d'un château.

Crépi, *s. m.* Enduit au mortier qu'on met sur une muraille.

Crépir, *v. a.* Enduire une muraille de mortier, l'employer avec le balai sans passer la truelle par-dessus.

Crête, *s. f.* Cueillie ou aretière de plâtre, dont on scelle les tuiles faîtières.

Crevasse, *s. f.* Fente qui se fait dans un enduit, dans un mur, etc.

CROISÉE, *s. f.* Fenêtre ainsi nommée, parce qu'elle a un meneau et un croisillon qui forment une croix au milieu de son ouverture. *Croisée d'église* est la partie de l'église qui figure les bras d'une croix. Lorsque les quatre nefs, qui forment cette croix, sont égales, on la nomme *croix grecque*; et *croix latine*, quand les deux nefs, qui figurent les bras, sont plus courtes que les autres. *Croisée d'ogive* est la nervure qui traverse une voûte d'ogive diagonalement, en passant d'un angle à l'angle opposé.

CROISILLON, *s. m.* Pièces de bois ou de fer, disposées en croix en travers d'une baie ou d'un châssis de croisée, pour recevoir les vitres.

CROIX, *s. f.* CROIX GRECQUE; CROIX LATINE (voyez CROISÉE D'ÉGLISE).

CROSSETTES, *s. f. pl.* Oreillons aux coins des chambranles, des portes ou des croisées.

CROUPE, *s. f.* Partie du comble d'un mur de pignon ou du chevet d'une église.

CRYTE, *s. f.* Lieu souterrain, caveau d'église.

CRYPTO-PORTIQUE, *s. m.* Portique du style propre à la décoration de l'entrée d'une grotte.

CUEILLIE, *s. f.* Traînée de plâtre étendue le long d'une règle, qui sert de repère pour lambrisser, enduire de niveau, faire à-plomb des pieds-droits, des portes, des croisées, des cheminées, etc.

CUISINE, *s. f.* L'endroit de la maison où l'on apprête et où l'on fait cuire les aliments.

CUISSE DE TRIGLYPHE, *s. f.* Réglet entre deux cavités d'un triglyphe.

CUL-DE-FOUR, *s. m.* Voûte sphérique ou sphéroïde de plein cintre, surhaussée ou surbaissée.

CUL-DE-LAMPE, *s. m.* Espèce d'encorbellement de forme pyramidale renversée, qui sert à soutenir une tourelle, une guérite, ou tout autre ouvrage de même genre qui ne monte pas de fond, c'est-à-dire dont la base ne repose pas sur le sol.

CUL-DE-SAC, *s. m.* Espèce de rue qui n'a pas d'issue: on l'appelle aussi *impasse*.

Culière, *s. f.* Pierre plate, creusée pour recevoir les eaux d'un tuyau de descente.

Culot, *s. m.* Ornement de sculpture, employé dans le chapiteau corinthien.

Cuve, *s. f.* Grand vase en pierre, en marbre, en bronze, destiné à contenir de l'eau pour divers usages, comme les fonts baptismaux des églises, les baignoires, etc.

Cuvette, *s. f.* Vaisseau de plomb pour recevoir les eaux de pluie, qui tombent des chéneaux, d'où elles descendent, par les conduits, au long des murs.

Cymaise, *s. f.* Moulure en cavet ou ondée par son profil, qui couronne les autres moulures d'une corniche.

La cymaise *toscane* est un ove.

La cymaise de l'entablement *dorique*, qui a des denticules, est un cavet; celle de l'entablement qui a des mutules, est une doucine.

Les cymaises *ionique*, *corinthienne* et *composite*, sont pareillement une doucine.

Cyziènes, *s. f. pl.* On nommait ainsi chez les Grecs des salles à manger exposées au Nord sur les jardins.

D

Dais, *s. m.* (voyez Baldaquin).

Dalle, *s. f.* Pierre dure, débitée de peu d'épaisseur.

Dames, *s. f. pl.* Langues de terre, couvertes de leur gazon qu'on laisse de distance en distance en fouillant un terrain, afin d'en toiser les cubes. On les appelle aussi *témoins*.

Dards, *s. m. pl.* Ornements de sculpture en forme de fers de dards. On en met aux corniches ionique et corinthienne, mêlés alternativement avec des oves. On en orne aussi quelques ouvrages de serrurerie.

Darse, *s. m.* Partie d'un port de mer la plus avancée dans la ville, bordée d'un quai où l'on met les vaisseaux en sûreté.

Dé, *s. m.* Partie d'un piédestal entre sa base et sa corniche : c'est aussi tout cube qui sert à différens usages.

Déblai, *s. m.* Fouille et transport des terres qu'il faut enlever pour creuser les fondations d'un édifice, un fossé, un canal, etc.

Décagone, *s. m.* Figure à dix angles et autant de côtés.

Décastyle, *s. m.* Édifice décoré d'un ordre d'architecture de dix colonnes de front.

Décharge, *s. f.* Petit réduit proche une chambre, un cabinet, une garde-robe, etc. On se sert aussi de ce mot en charpenterie, serrurerie, hydraulique, etc., pour signifier certaines pièces qui servent à en soutenir d'autres.

Déchausser, *v. a.* Déchausser un mur : c'est fouiller, enlever les terres qui contiennent ses fondations.

Déchet, *s. m.* Perte de matière, occasionnée par la taille et les façons qu'il faut donner aux matériaux, comme moellons, blocs, etc.

Décintrer, *v. a.* Démonter les cintres de charpente, sur lesquels une voûte a été construite.

Décombrer, *v. a.* Enlever les gravois d'un atelier. C'est aussi ôter les ordures qui bouchent un égoût, un conduit, une descente, etc.

Décombres, *s. m. pl.* Pierres, platras, gravois, qui demeurent après qu'on a construit un édifice, qu'on a fouillé des terres : ce sont aussi les débris d'un atelier.

Décorateur, *s. m.* Celui qui est entendu dans les ouvrages d'architecture feinte, comme pour les fêtes publiques, pompes funèbres, etc.

Décoration, *s. f.* Arrangement de pilastres, colonnes, corniches, et autres saillies des édifices, comme aussi des parties qui composent la variété d'un parterre, d'un jardin. *Décorations*, au pluriel, sont les châssis et toiles peintes en usage pour figurer, sur le théâtre, le lieu de la scène.

Décore, *s. m.* Espèce d'ornements plus ou moins

fragiles et grossiers, mais à effet, employés dans les fêtes et les cérémonies publiques.

DÉCOUPURE, *s. f.* (voyez GERÇURE).

DÉCOUVRIR, *v. a.* Ôter les toits d'une vieille maison, les pailles qui couvrent les murs à demi bâtis. *Découvrir*, en terme de charpenterie et de menuiserie, c'est donner au bois la première ébauche avec le fermoir, avant que de le raboter.

DÉFENSE, *s. f.* Latte qui pend au bout d'une corde, lorsque l'on travaille à la couverture d'un bâtiment.

DÉGAGEMENT, *s. m.* Escalier dérobé ou corridor, qui facilite l'entrée d'une pièce d'appartement dans un autre, sans passer par les grandes pièces. *Dégagement* se dit aussi d'une disposition de bâtiment et de ses parties, où il y a plus d'aisance, plus d'espace.

DÉGAUCHIR, *v. a.* Dresser une pierre ou une pièce de bois, en ôter ce qu'il y a de trop pour la rendre unie et droite.

DÉGRAVELER, *v. a.* Ôter d'un tuyau le sédiment qui s'y forme par le dépôt des eaux.

DÉGRAVOIMENT, *s. m.* Dommage causé, au pied des pilotis et des piles de pont, par l'action du courant d'eau.

DEGRÉ, *s. m.* Marche d'un escalier.

DÉGROSSIR, *v. a.* Ôter le superflu d'un bloc de marbre ou d'une pierre à coups de masse; en faire la première ébauche, pour ensuite l'équarrir et la sculpter.

DÉJETÉE, *adj. verb.* Se dit des bois qui, par l'effet de la sécheresse, de l'humidité, ou parce qu'ils ont été employés trop verts, se renflent ou se resserrent, se fendent, etc.

DÉLARDEMENT, *s. m.* Coupe en diagonale, au moyen de laquelle on aplanit l'intrados de la coquille d'un escalier.

DÉLIT, *s. m.* Pose d'une pierre différente de celle qu'elle avait dans la carrière.

DÉLITER, *v. a.* Poser une pierre hors de son lit, ne la mettre pas de plat, tel qu'on la pose ordinairement.

Démaigrir, *v. n.* Réduire les dimensions d'une pierre ou d'une pièce de bois.

Demi-bosse, *s. f.* Bas-relief qui a des parties saillantes et détachées.

Demi-colonne, *s. f.* Colonne engagée dans le mur de la moitié de son diamètre.

Demi-lune, *s. f.* Place ou construction, dont le plan représente un demi-cercle.

Demi-métope, *s. f.* Métope tronquée, qui se trouve aux angles de la frise dorique.

Démolir, *v. a.* Abattre quelque ouvrage d'architecture ou de maçonnerie.

Démolition, *s. f.* Destruction d'un bâtiment. Ce sont aussi les matériaux qui restent, quand on a abattu quelque édifice, comme platras, bois, plomb, fer, etc.

Démonter, *v. a.* Se dit de l'action de désassembler, sans les briser, les diverses pièces en charpente ou en menuiserie.

Denticule, *s. f.* Membre des corniches dorique, ionique, corinthienne et composite. C'est une moulure carrée qui le plus souvent est taillée en forme de dents, chacune desquelles se nomme aussi *denticule*. La denticule ou les denticules représentent les bouts des chevrons qui sortent dans l'entablement.

Dépendance, *s. f.* S'emploie au pluriel, pour exprimer l'ensemble des petits bâtiments accessoires d'un édifice plus considérable.

Dépense, *s. f.* Lieu attenant à une cuisine, où l'on met ce qui concerne le service de la table.

Dérobement, *s. m.* Tracer les pierres par dérobement, c'est tracer sur leurs faces, sans le secours des panneaux, les mesures de hauteur et d'épaisseur déterminées par l'épure.

Descente, *s. f.* Tuyau de plomb, le long d'un mur de face par où descend l'eau qui tombe des toits. C'est aussi la voûte inclinée, formée par la rampe d'un escalier.

Dessin, *s. m.* Représentation, soit au crayon, soit à

la plume, de figures, de morceaux d'architecture, de paysages, etc.

DÉTREMPE, *s. f.* Couleur préparée à l'eau et à la colle, à la gomme, au blanc d'œuf, sans graisse ni résine.

DEVANTURES, *s. f. pl.* Plâtres sur les couvertures au long des naissances des souches de cheminée, pour les raccorder avec les ardoises ou les tuiles. On appelle aussi *devanture*, le revêtement en boiserie de la façade d'une boutique.

DÉVELOPPEMENT, *s. m.* Dessin en grand de tous les profils, de toutes les faces et parties d'un édifice. On dit aussi faire le développement d'une pièce de trait, pour dire : se servir des lignes de l'épure, afin d'en lever les différents panneaux.

DÉVERSOIR, *s. m.* Ouverture pratiquée à la partie supérieure d'une digue, pour donner issue aux eaux.

DEVIS, *s. m.* Mémoire contenant les dispositions, qualités et prix des ouvrages d'architecture, et autres qui en dépendent.

DÉVOIEMENT, *s. m.* C'est l'inclinaison hors la ligne verticale d'un tuyau de cheminée ou d'un tuyau de descente.

DÉVOYER, *v. a.* Détourner un tuyau de cheminée ou autre chose de son àplomb.

DIAGONALE, *adj.* (terme de géométrie). Ligne diagonale, celle qui traverse d'un angle à l'angle opposé d'une figure rectiligne. On dit aussi la diagonale d'un corps solide.

DIAMÈTRE, *s. m.* Ligne droite qui va d'un point de la circonférence d'un cercle à un autre point, en passant par le centre.

DIASTYLE, *s. m.* Ordonnance d'architecture où les colonnes sont espacées de trois diamètres.

DIGLYPHE, *s. m.* Espèce de console qui a deux gravures.

DIGUE, *s. f.* Ouvrage de maçonnerie, fait pour retenir le cours d'une rivière et empêcher les inondations.

DIMENSIONS, *s. f.* Mesure en longueur, largeur et profondeur ou épaisseur.

Diminution, *s. f.* Retranchement peu sensible du volume d'une colonne pour imiter le tronc des arbres; il se fait ordinairement depuis le tiers de la hauteur du fût jusqu'au-dessous du chapiteau. On l'appelle aussi *contracture*.

Diptère, *s. m.* Temple des anciens. Il avait huit colonnes à la face de devant, autant à celle de derrière, et deux rangs de colonnes tout autour.

Distribution, *s. f.* Répartition et arrangement dans les divers corps d'un bâtiment des pièces dont se compose l'intérieur.

Ditriglyphe, *s. m.* Espace de deux triglyphes sur un entre-colonnement dorique.

Dodécagone, *s. m.* Figure qui a douze angles et autant de côtés.

Dôme, *s. m.* Ouvrage d'architecture élevé en rond, en forme de coupe renversée, au-dessus d'un édifice.

Donjon, *s. m.* La tour la plus élevée des anciens châteaux. On appelle aussi *donjon*, un cabinet tout ouvert au-dessus du toit ou de l'escalier d'une maison particulière.

Dorer, *v. a.* Appliquer de l'or sur quelque ouvrage.

Dorique, *s. m.* et *adj.* Ordre d'architecture. Il a pour ornements particuliers les métopes et les triglyphes. Cet ordre a été nommé *dorique*, de ce qu'il a été inventé par les Doriens, peuple de la Grèce.

Dormant, *s. m.* Panneau de menuiserie en forme de frise, scellé dans la feuillure d'une porte. C'est aussi la partie du châssis d'une croisée qui tient dans la feuillure de la baie, et qui soutient les châssis et les volets. *Dormant*, en serrurerie, est au-dessus des ventaux d'une porte un panneau de fer évidé, pour donner du jour.

Dortoir, *s. m.* Salle dans les colléges où couchent les écoliers.

Dos-d'ane, *s. m.* Surface composée de deux plans inclinés, unis l'un à l'autre par leur sommet.

Doubleau, *s. m.* On appelle ainsi certaines solives d'un plancher plus fortes que les autres.

Dosseret, *s. m.* Espèce de pilastre, qui sert à soutenir les voûtes.

Dossier, *s. m.* Petit mur servant d'empâtement à une souche de cheminée.

Doucine, *s. f.* Moulure moitié convexe, moitié concave, qui termine le haut d'une corniche. On la nomme aussi *cymaise*.

Douelle, *s. f.* Coupe de pierre propre à la construction des voûtes. Il y a la douelle *intérieure*, ou l'intrados, et la douelle *extérieure* ou l'extrados.

Douve, *s. f.* La cunette d'un fossé. On appelle *mur de douve*, le mur d'un bassin ou d'un canal, avec corroi de glaise ou de sable.

Dresser, *v. a.* et *n.* Bâtir, ériger. Dresser une pierre, c'est la mettre d'alignement, de niveau, l'ébaucher, l'équarrir.

Dune, *s. f.* Hauteur en pierres, en terre, colline de sable que la mer forme le long de ses bords.

E

Ébauche, *s. f.* Premier dessin d'un édifice; commencement d'un ouvrage de sculpture, d'un tableau, etc.

Ébaucher, *v. a.* Jeter ses premières pensées sur le papier; tracer grossièrement quelque ouvrage en attendant qu'on le finisse; dégrossir des pièces de bois, etc.

Ébousiner, *v. a.* Oter d'une pierre ou d'un moellon le bousin; le piquer avec la pointe du marteau.

Ébraser, *v. a.* Elargir une baie de porte ou de fenêtre du côté du parement intérieur du mur.

Échafaud, *s. m.* Assemblage de pièces de bois qui forme une espèce de vaste balcon pour les spectacles publics ou le supplice des criminels.

Échafaudage, *s. m.* Appareil de charpente destiné à élever les matériaux et à servir de plancher aux ouvriers à mesure que l'édifice s'élève.

ÉCHAMPIR, *v. a.* (voyez RÉCHAMPIR).

ÉCHANTILLON, *s. m.* Mesure conforme à l'usage et aux ordonnances pour le bois à bâtir, la tuile, l'ardoise, etc.

ÉCHAPPÉE, *s. f.* Espace pour placer la descente d'une cave sous un escalier; c'est aussi la place libre d'une écurie derrière les chevaux.

ÉCHARPES, *s. f. pl.* Ceintures du coussinet du chapiteau ionique antique qui semblent serrer les volutes. *Écharpes* se dit aussi des petits cordages qui servent à attacher les fardeaux aux câbles des machines pour les élever sur le tas.

ÉCHAUGUETTE, *s. f.* Espèce de guérite ou de tourelle élevée sur une terrasse pour faire le guet.

ÉCUELIER, *s. m.* Pièce de bois traversée de longues et fortes chevilles qui sert à monter au haut des grues, des engins, etc.

ÉCHELLE, *s. f.* Machine de bois composée de deux longues branches traversées d'espace en espace par des bâtons dits *échelons*, disposés en sorte qu'on s'en puisse servir pour monter et pour descendre. On appelle encore *échelle*, une ligne divisée en parties égales au bas d'un dessin pour en prendre les mesures.

ÉCHIFFE ou ÉCHIFFRE, *s. m.* L'assemblage des pièces qui servent à soutenir les marches et paliers d'un escalier, tels que les patins, les limons, les rampes, etc.

ÉCHINE, *s. f.* Membre sculpté en châtaignes ou oves entr'ouverts; chacun desquels est séparé par des dards. (Quelques auteurs font ce mot masculin.)

ÉCHO, *s. m.* (on prononce *éco*). Voûte ordinairement elliptique ou parabolique qui redouble les sons des échos artificiels.

ÉCHOMÉTRIE, *s. f.* L'art de calculer et de combiner les échos dans la construction des voûtes acoustiques.

ÉCHOPPE, *s. f.* Petite boutique attachée à un mur et couverte en appentis.

ÉCLUSE, *s. f.* Construction pour retenir, relever ou abaisser les eaux, au moyen soit d'une vanne pour chute ou irrigation, soit de deux portes en charpente placées anx deux extrémités pour navigation par canal.

Écoinçon, *s. m.* L'encoignure du pied-droit d'une porte ou d'une croisée.

Écoue, *s. f.* Lieu destiné à l'enseignement.

Économie, *s. f.* S'entend (en parlant des arts) de l'ordre et de l'arrangement de la composition. Bâtir *par économie*, c'est renoncer à l'intervention d'un entrepreneur et traiter directement avec chaque fournisseur et chaque ouvrier.

Écorce, *s. f.* L'une des parties du chapiteau ionique.

Écornure, *s. f.* Éclat qui se fait à l'arête d'une pierre faute d'attention, lorsqu'on la taille, qu'on la monte ou qu'on la pose.

Écoute, *s. f.* Tribune fermée de jalousies d'où l'on peut entendre sans être vu.

Écrille, *s. f.* Grille de bois ou de fer qu'on place aux décharges des étangs pour empêcher le poisson de sortir.

Écume, *s. f.* Nom sous lequel on emploie le mâchefer dans les ouvrages de rocaille.

Écurie, *s. f.* Bâtiment destiné au logement des chevaux. Dans la distribution des palais on comprend sous ce nom, mais mis au pluriel, l'ensemble des bâtiments occupés tant par les chevaux que par la sellerie, la carrosserie et par les hommes attachés à ce service.

Écuyer, *s. m.* Perches de bois qu'on pose le long des murs des escaliers pour guider les personnes qui montent et descendent. Il faut distinguer l'écuyer de la rampe ou balustrade d'escalier.

Édifice, *s. m.* Bâtiment considéré sous le rapport de l'ensemble de ses constructions. Il ne s'emploie guère qu'en parlant de bâtiments remarquables par leur étendue ou leur élégance, et d'une composition plus ou moins compliquée.

Effigie, *s. f.* Image, représentation d'une personne.

Église, *s. f.* Édifice consacré à l'exercice public du culte chrétien. Le plan d'une église comporte comme parties essentielles : le sanctuaire et le chœur pour le clergé, la nef en vue de l'autel pour le peuple, la sacristie et le clocher.

Égout, *s. m.* Canal pour l'écoulement des eaux de pluie et immondices d'une ville. Il se dit aussi du petit rebord qui pend au larmier d'une corniche, comme aussi de l'extrémité inférieure d'un toit.

Élégir, *v. a.* Pousser à la main une moulure ou un panneau, une languette sur un morceau de bois.

Élévation, *s. f.* Dessin d'une façade considérée sous le rapport de ses dimensions verticales et figurée géométralement.

Élever, *v. a.* Construire, bâtir, dresser, ériger.

Ellipse, *s. f.* Ligne courbe continue qui renferme un espace régulier plus long que large : on la nomme vulgairement *ovale.*

Embarcadère, *s. m.* Petite construction en forme de jetée ou de quai, pratiquée au bord d'un canal ou d'un étang.

Embasement, *s. m.* Espèce de piédestal continu sous la masse d'un bâtiment.

Embouter, *v. a.* Revêtir de plomb étamé une corniche ou tout autre ornement en bois. C'est aussi former des ornements en tôle au marteau et au repoussoir.

Embrasement, *s. m.* Espace compris dans l'épaisseur des murs aux ouvertures des fenêtres, et plus exactement encore la direction oblique de dedans en dehors qu'on a coutume de donner à cette épaisseur de mur. On dit encore et plus communément *embrasure.*

Embraser ou Ébraser, *v. a.* Élargir en dedans la baie d'une porte ou d'une croisée pour donner plus de jour.

Embrasure, *s. f.* (voyez Embrasement).

Empatement, *s. m.* Saillie des fondations sur le plan vertical du mur auquel elles servent de base.

Encadrement, *s. m.* Profils ou ornements ajustés pour servir d'entourage à un panneau nu ou chargé d'inscriptions, de figures, etc.

ENCAISSEMENT, *s. m.* Ouvrage de charpente dans lequel on dispose, soit de la maçonnerie, soit des pierres sèches pour former un bâtardeau.

ENCASTREMENT, *s. m.* Se dit de la manière dont une pièce est enchâssée dans une autre.

ENCASTRER, *v. a.* Joindre deux pièces de pierre ou de métal, en les faisant pénétrer l'une dans l'autre au moyen d'une entaille.

ENCHEVAUCHURE, *s. f.* Jonction par feuillure comme celles des dalles, ou par simple recouvrement, comme celles des ardoises.

ENCHEVÊTRURE, *s. f.* Assemblage de deux fortes solives et d'un chevêtre qui laisse un vide pour porter un foyer ou pour le passage des tuyaux de cheminée.

ENCLAVER, *v. a.* Engager une pierre dans une autre.

ENCLUME, *s. f.* Masse de fer sur laquelle on bat le fer, l'argent et autres métaux.

ENCOIGNURE, *s. f.* On nomme ainsi les principaux angles d'un bâtiment.

ENCORBELLEMENT, *s. m.* Saillie portée sur quelque console ou corbeau.

ENDÉCAGONE, *s. m.* Figure de onze angles et autant de côtés.

ENDUIRE, *v. a.* Couvrir une muraille d'un enduit.

ENDUIT, *s. m.* Mortier clair ou autre composition de stuc ou de plâtre dont on se sert pour blanchir un mur.

ENFAITEAU, *s. m.* (voyez FAITIÈRE).

ENFAITEMENT, *s. m.* Feuille de plomb sur le faîte des édifices couverts d'ardoise.

ENFAITER, *v. a.* Mettre du plomb sur le sommet d'un toit couvert d'ardoise. *Enfaîter*, c'est aussi arrêter des tuiles faîtières avec des crêtes sur le haut des toits couverts de tuiles.

ENFILADE, *s. f.* Suite de pièces qui se communiquent immédiatement par des portes qui sont sur le même axe.

ENFOURCHEMENT, *s. m.* On appelle ainsi l'angle solide formé par la rencontre des douelles de voûtes contiguës et le voussoir commun à ces voûtes.

ENGAGER, *v. a.* Faire pénétrer une construction dans une autre.

ENGIN, *s. m.* (terme de mécanique). Espèce de levier.

ENLIER, *v. a.* Joindre des pierres et des briques ensemble lorsque l'on élève des murs.

ENLIGNER, *v. a.* (terme de charpenterie). Mettre des pièces de bois sur une même ligne.

ENNÉAGONE, *s. m.* Polygone de neuf côtés.

ENRAYURE, *s. f.* (terme de charpenterie). Pièce de bois en forme de rayon dans un comble de dôme ou plancher plat.

ENROCHEMENT, *s. m.* Amas de pierres formé au pied d'un pilier ou d'une culée de pont pour les défendre des affouillements ou des dégravoîments.

ENROULEMENT, *s. m.* Ornement d'architecture contourné en ligne spirale.

ENSEMBLE, *s. m.* Édifice considéré en entier.

ENTABLEMENT, *s. m.* Partie supérieure de l'ordre d'architecture composée d'un architrave, d'une frise et d'une corniche. Ses proportions et le caractère de ses ornements sont déterminés par l'espèce de l'ordre dans lequel il rentre.

ENTRE-COLONNE, *s. f.* ou ENTRE-COLONNEMENT, *s. m.* Espace entre deux colonnes. Il y en a de cinq sortes selon Vitruve : *pycnostyle, systyle, diastyle, eustyle, aræostyle.*

ENTRE-COUPE, *s. f.* Intervalle entre deux voûtes sphériques l'une au-dessus de l'autre et qui prennent naissance au même mur.

ENTRÉE, *s. f.* Passage d'un bâtiment.

ENTRELACS, *s. m.* Ornement à jour dont on forme quelques balustrades. *Entrelacs* se dit aussi de certains listels entremêlés dont on orne quelques moulures d'architecture et ouvrages de serrurerie.

ENTRE-MODILLON, *s. m.* Espace entre deux modillons.

ENTREPILASTRE, *s. m.* Il y en a de cinq sortes et ils sont semblables aux entre-colonnes.

ENTRESOL, *s. m.* Partie d'une maison ainsi nommée

de ce qu'elle est entre les pièces du sol au rez-de-chaussée et celles du premier étage.

Entre-toise, *s. f.* Toute pièce de bois dans un ouvrage de charpente, ou toute barre de fer dans un ouvrage de serrurerie, posée en travers des autres pièces pour les lier ensemble.

Entrevous, *s. m.* Intervalle entre les solives d'un plancher ou les poteaux d'une cloison qu'on remplit de maçonnerie ou qu'on couvre seulement d'un enduit sur lattes.

Épaulée, *s. f.* Portion d'ouvrage de maçonnerie qui n'est pas faite de suite, mais à diverses reprises ou par redans.

Éperon, *s. m.* Arc-boutant pour soutenir une muraille de terrasse ou préserver une pile de pont contre les efforts du courant.

Épi, *s. m.* (terme de charpenterie). Bout du poinçon au-dessus d'un toit, où l'on attache un vase, une girouette ou autre amortissement. Pointes et crochets de fer sur les balustrades et les murs d'appui. Espèce de digue pour empêcher une rivière d'envahir les terres riveraines.

Épigeonner, *v. a.* Employer le plâtre un peu serré, en sorte que, sans le plaquer ni le jeter, on le lève doucement avec la main et la truelle par poignées, comme lorsque l'on fait des languettes de cheminée de plâtre pur.

Épistyle, *s. f.* Architrave des ordres grecs.

Épitaphe, *s. f.* Inscription que l'on grave sur un tombeau.

Épuisement, *s. m.* Opération par laquelle on épuise les eaux pour découvrir le sol et jeter des fondements.

Épure, *s. f.* Dessin géométral d'une élévation ou d'une coupe, fait en grand contre une muraille ou sur des planches pour servir de modèle à l'exécution de quelque ouvrage.

Équarrir, *v. a.* Tailler une pierre à angles droits.

5.

C'est en charpenterie dresser du bois ét le rendre égal de côté et d'autre.

ÉQUERRE, *s. f.* Instrument de mathématiques. C'est aussi un lien de fer plat à angles droits, pour faire tenir les sablières aux poteaux corniers, dans les escaliers de charpente ou autres assemblages.

ESCALIER, *s. m.* Degré; la partie du bâtiment qui sert à monter et à descendre.

ESCAPE, *s. f.* Adoucissement, doucine que l'on pratique au fût d'une colonne.

ESCARPE, *s. f.* Partie d'un mur en talus, depuis le bas jusqu'au cordon.

ESPLANADE, *s. f.* Espace uni et découvert, soit au devant d'un édifice, soit entre les glacis d'une place forte et les faubourgs.

ESQUISSE, *s. f.* C'est en peinture une légère ébauche, ou premier crayon d'un tableau; et en sculpture un petit modèle de terre ou de cire.

ESQUISSER, *v. a.* Prendre le trait d'une figure sans la finir.

ESTRADE, *s. f.* Assemblage d'ais posé dans une partie d'une salle et un peu plus élevé que le reste du plancher.

ÉTABLE, *s. f.* Lieu où l'on retire les bestiaux.

ÉTABLI, *s. m.* Table sur laquelle les charpentiers, menuisiers, etc., travaillent et posent les outils dont ils ont besoin.

ÉTAGE, *s. m.* Intervalle d'un bâtiment compris entre deux planchers qui contient un ou plusieurs appartements.

ÉTAI, *s. m.* Pièce de bois qui sert à soutenir une muraille qu'on reprend par sous-œuvre.

ÉTALON ou ÉTELON, *s. m.* Dessin sur même échelle que l'ouvrage lui-même, d'après lequel le charpentier fait tailler ses bois.

ÉTALONNER ou ÉTELONNER, *v. a.* Réduire des mesures à pareilles distances, longueurs et largeurs.

ÉTANCHER, *v. a.* Mettre à sec un batardeau par le

moyen des machines hydrauliques, pour rendre la manœuvre libre et pouvoir fonder.

Étayer, *v. a.* Mettre des étais sous un mur qu'on veut reprendre en sous-œuvre.

Étirer, *v. a.* Allonger un morceau de fer chaud en le battant sur l'enclume.

Étonné, *adj. verbal.* Se dit d'un édifice, particulièrement d'une voûte qui a reçu un grand ébranlement.

Étuve, *s. f.* Pièce de bain échauffée par des poêles pour provoquer la transpiration.

Eurythmie, *s. f.* Apparence majestueuse de tous les membres et de toutes les parties d'un édifice.

Eustyle, *s. m.* et *adj.* Édifice orné de colonnes ou pilastres, dont l'espace du milieu est de trois diamètres et les autres seulement de deux diamètres un quart. Vitruve dit que cette manière d'espacer les colonnes surpasse les autres en commodité, beauté et fermeté.

Évier, *s. m.* Conduit par où s'écoulent les eaux et lavures d'une cuisine.

Exastyle, *s. m.* (voyez Hexastyle).

Exèdre, *s. m.* Enceinte de siéges disposés pour la conversation.

Exhaussement, *s. m.* Élévation d'un plancher, d'une voûte. *Exhaussement*, espèce d'attique ajouté après coup sur l'entablement d'un édifice pour pratiquer un étage dans le comble.

Extrados, *s. m.* Curvité extérieure d'une voûte; dessus d'un voussoir.

Extradossé, *adj.* Se dit d'une voûte dont le parement extérieur est aussi uni que l'intérieur.

F

Fabrique, *s. f.* En terme d'architecture, se dit de l'aspect d'un bâtiment considérable. En peinture, il signifie les édifices et les ruines dont on orne le fond d'un tableau. *Fabrique* s'entend aussi du lieu où s'exercent certaines industries : *fabrique de draps, fabrique de savon,* etc.

FAÇADE ou **FACE**, *s. f.* Extérieur d'un édifice dans toute sa hauteur et largeur, vu du même aspect.

FACE, *s. f.* Tout membre plat ou toute moulure plate, qu'on appelle plus souvent *bande.*

FAÎTAGE, *s. m.* L'ensemble du comble d'un bâtiment.

FAÎTE, *s. m.* Est la partie la plus élevée de l'édifice. Il se dit particulièrement de la pièce de bois sur laquelle les chevrons du comble viennent s'assembler.

FAÎTIÈRE, *s. f.* Espèce de tuile courte dont on couvre le faîte d'un toit.

FASCE, *s. f.* Partie de l'architrave en forme de bandelettes.

FAUCONNEAU, *s. m.* La plus haute pièce de bois d'une machine pour élever des fardeaux ; elle est posée en travers et a une poulie à chaque bout.

FAUSSE-BRAIE, *s. f.* Terrasse entre le pied d'un château et le fossé.

FAUSSE-HOTTE, *s. f.* Hotte sans issue, élevée perpendiculairement sur le manteau d'une cheminée.

FAUX-ATTIQUE, *s. m.* Amortissement ayant à peu près les proportions d'un attique, mais sans fenêtres, dont on couronne un grand ordre d'architecture, et qu'on orne souvent d'un bas-relief ou d'une inscription.

FAUX-COMBLE, *s. m.* La partie la plus élevée d'un comble brisé.

FAUX-MANTEAU, *s. m.* Manteau de cheminée porté par des consoles ou des corbeaux.

FAYENCE, *s. f.* Poterie fine dont on fait des foyers de cheminée, quelques revêtements de salles, etc.

FENÊTRE, *s. f.* Ouverture faite dans une muraille pour donner du jour.

FENIL, *s. m.* Grenier ou autre lieu où l'on serre le foin.

FENTONS, *s. m. pl.* Morceaux de bois ou de fer scellés dans les murs pour soutenir des corniches de plâtre, ou entretenir des languettes et tuyaux de cheminée, etc.

FER, *s. m.* Métal fort dur dont on fait toutes sortes d'armes et d'outils.

FER-A-CHEVAL, *s. m.* Forme de terrasse dont la montée en pente douce a deux rampes circulaires. Perron à deux rampes en portion de cercle.

FERME, *s. f.* L'ensemble des édifices et des constructions appropriés à une exploitation rurale. *Ferme*, assemblage de pièces de bois pour soutenir les autres pièces de charpente qui portent le toit. On appelle encore *ferme* au théâtre, toute décoration montée sur un châssis qui se détache sur l'un des plans en avant de la toile de fond.

FERMETTE, *s. f.* Petite ferme d'un faux-comble ou d'une lucarne.

FERMETURE, *s. f.* La plate-bande en pierre ou le linteau d'une baie de porte ou de croisée.

FESTON, *s. m.* Ornement de sculpture qui représente des fleurs et des fruits liés ensemble. On en met sur quelques panneaux, frises, etc.

FEUILLE, *s. f.* Nom générique de toutes les sortes de rinceaux à l'usage de l'architecture. La plus commune est la feuille d'acanthe.

FEUILLURE, *s. f.* Petite ciselure à angle rentrant, entre le tableau et l'embrasure d'une porte ou d'une croisée, ou ailleurs.

FIGURE, *s. f.* Ouvrage représentant la forme extérieure de l'homme et des animaux. Il se dit aussi, par extension, de la représentation de quelques autres objets.

FIGURINE, *s. f.* Figure de très-petite dimension en terre cuite, en bronze, en argent.

FILET, *s. m.* Petite moulure carrée qui fait partie des chapiteaux de pilastres. C'est aussi une moulure moindre que le listel, dont on se sert pour séparer les grandes moulures des corniches, archivoltes, etc.

FLANC, *s. m.* Est le côté d'un pavillon par lequel il est joint à un autre corps de bâtiment.

FLANQUER, *v. a.* Placer en avant-corps les extrémités d'une façade.

Fléau, *s. m.* Barre de fer qui se tourne par le moyen d'un boulon au milieu, et qui sert à fermer une porte cochère.

Flèche, *s. f.* Comble pyramidal de la tour ou de la cage d'un clocher; on l'appelle aussi *aiguille*. *Flèche*, petit ouvrage de fortification qu'on élève vis-à-vis les angles saillans ou rentrans d'un chemin-couvert à l'extrémité de son glacis.

Fleuron, *s. m.* Espèce d'ornement qui procède de la fleur ou des feuilles, dont on surmonte le bandeau d'une couronne.

Fleurs, *s. m. pl.* Ornements de sculpture qui imitent les fleurs naturelles.

Fondation, *s. f.* L'ensemble des ouvrages usités pour asseoir les fondements d'un édifice, comme l'excavation du terrain, le pilotis, etc.

Fondements, *s. m. pl.* L'ensemble des constructions au-dessous du rez-de-chaussée qui portent le reste de l'édifice.

Fonder, *v. a.* Asseoir les fondements d'un édifice.

Fonderie, *s. f.* Lieu où l'on fond les métaux.

Fondoir, *s. m.* Partie d'une boucherie, d'un abattoir, où l'on fait fondre les graisses des animaux.

Fontaine, *s. f.* Édifice décoré d'ornements d'architecture et de sculpture servant d'entourage au jet des eaux.

Fonte, *s. f.* L'action de mouler en bronze l'œuvre du sculpteur. — L'action de liquéfier les métaux. On appelle encore *fonte* une certaine composition de métaux où le cuivre domine.

Fonts baptismaux, *s. m. pl.* Grand vase où l'on conserve l'eau dont on se sert pour baptiser.

Force ou Jambe de force, *s. f.* Pièce d'une ferme d'assemblage qui sert de jambe à l'entrait, et le porte, ainsi que les autres pièces d'un comble, d'où elle a pris son nom de *force* ou *jambe de force*.

Foret, *s. m.* Poinçon d'acier qui sert à percer le fer, le bois, etc.

Forge, *s. f.* Boutique ou fourneau à l'usage des taillandiers, forgerons et autres ouvriers qui travaillent les métaux.

FORJETER OU SE FORJETER, *v. n.* On dit qu'un mur se forjette, pour dire qu'il est hors d'alignement, qu'il surplombe.

FORME, *s. f.* Stalle ou siége du chœur d'une église (peu usité).

FORMERET, *s. m.* Nervure d'une voûte ogive qui suit le contour de ses arcs.

FOSSÉ, *s. m.* Fosse creusée en long pour enfermer quelque espace de terre ou pour faire écouler les eaux.

FOSSES D'AISANCE, *s. f. pl.* Lieu voûté au-dessous de l'aire des caves d'une maison pour recevoir les immondices.

FOUDRE, *s. m.* et *f.* Ornement antique de sculpture en manière de flamme avec des dards. Il représente le foudre que les anciens donnent pour attribut à Jupiter.

FOUILLE, *s. f.* Ouverture faite en terre, soit pour fonder ou découvrir.

FOUILLER, *v. a.* Creuser la terre pour bâtir. *Fouiller* en sculpture, c'est évider profondément les draperies et autres ornements, afin de les dégager et rendre l'ouvrage fini et délicat.

FOUR, *s. m.* Construction de brique ou de pierre pour faire cuire le pain, la pâtisserie. On en fait aussi pour faire cuire la tuile, pour façonner la chaux, etc.

FOURCHETTE, *s. f.* Endroit où les deux petites roues de la couverture d'une lucarne se joignent à celle d'un comble.

FOURNIL, *s. m.* Lieu où est le four pour faire cuire le pain.

FOURRIÈRE, *s. f.* Bâtiment où l'on met le bois, le charbon et autres provisions.

FOYER, *s. m.* La partie horizontale de la cheminée, comprise entre les jambages et le contre-cœur et disposée pour recevoir le feu.

Foyer. Pièce de marbre devant l'âtre d'une cheminée dans une chambre ou cabinet parqueté, pour éviter le danger du feu. Il se fait aussi des foyers de carreaux de fayence pour le même usage.

Foyer est encore dans les théâtres la salle commune où se rassemblent les acteurs et celle où les spectateurs peuvent se réunir pour converser et se chauffer.

FRESQUE, *s. f.* Peinture faite sur un enduit, pour la décoration intérieure des dômes, des plafonds, etc., ou l'ornement des façades.

FRISE, *s. f.* Plate-bande entre la corniche et l'architrave d'un ordre d'architecture : elle représente la maçonnerie qui était sur les poitrails des anciens édifices.

La frise *toscane* est toute unie sans aucune moulure.

La frise *dorique* se distingue par les triglyphes et les métopes.

La frise *ionique* est le plus souvent aussi unie que la toscane ; quelquefois elle est ornée de bas-reliefs.

La frise *corinthienne* se termine en sa partie supérieure par un filet et un astragale, et peut être ornée de bas-reliefs.

La frise *composite* naît par un adoucissement du bord du listel qui couronne l'architrave. Sa partie supérieure se termine comme la corinthienne.

Frise est aussi une petite fasce qui fait partie des corniches des piédestaux corinthien et composite, et des impostes des mêmes ordres.

FRONTEAU, *s. m.* Petit fronton qu'on met quelquefois au-dessus des niches, des croisées, etc.

FRONTISPICE, *s. m.* Principale face d'un édifice considérable.

FRONTON, *s. m.* Partie d'architecture en saillie de forme triangulaire ou circulaire pour terminer un avant-corps, un pavillon, etc. Les frontons représentent le bout du pignon d'un toit.

FRUIT, *s. m.* Se dit d'une petite diminution en dehors et de bas en haut dans les murs de face d'un bâtiment.

FRUITERIE, *s. f.* Lieu où l'on conserve le fruit.

FUIE, *s. f.* Colombier qui n'a point de toit.

FUSAROLE, *s. f.* Astragale taillée en forme de collier

ou de chapelet, dont les grains oblongs sont couchés et entremêlés de grains ronds. La *fusarole* se place sous l'ove des chapiteaux dorique, ionique et composite, et quelquefois aussi sous l'ove de la corniche corinthienne.

FUSELÉ, *adj.* Se dit d'une colonne dont le fût subit un léger renflement vers le tiers de sa hauteur.

FÛT, *s. m.* La partie de la colonne comprise entre la base et le chapiteau.

G

GÂCHE, *s. f.* Instrument pour mêler la chaux et le sable et faire du mortier. *Gâche* se dit aussi d'un morceau de fer où entre le pêne d'une serrure. *Gâches* se dit encore des cercles qui soutiennent les descentes et autres tuyaux.

GÂCHER, *v. a.* Jeter de l'eau sur du plâtre en poudre ou sur quelque autre matière pulvérisée.

GAÎNE, *s. f.* Partie inférieure d'un terme, depuis le sol jusqu'à la naissance de la figure.

GALBE, *s. m.* Membre d'architecture qui s'élargit en adoucissement par en haut, de même que les feuilles d'une tulipe ou autre fleur. On dit qu'il se termine en galbe, qu'il a beau galbe.

GALERIE, *s. f.* Pièce plus longue que large à la suite d'un grand appartement, ou servant de dégagement aux autres pièces.

GALETAS, *s. m.* Étage pris dans un comble ou grenier.

GARDE-CORPS, *s. m.* (voyez GARDE-FOU).

GARDE-FEU, *s. m.* Grille de fer qu'on met devant une cheminée pour éviter les inconvénients du feu.

GARDE-FOU, *s. m.* Balustre ou barrière qu'on met au bord des ponts, des quais, des terrasses, etc., pour empêcher qu'on ne tombe.

GARDE-MANGER, *s. m.* Lieu pour serrer les viandes et les autres provisions.

Garde-meuble, *s. m.* Magasin où l'on dépose les meubles pour les palais.

Garde-robe, *s. f.* Petite pièce destinée pour serrer les vêtements. On appelle aussi *garde-robe*, celle où se trouvent les vases de nuit.

Gargouille, *s. f.* Gouttière de pierre sur la cymaise d'un entablement, par où les eaux des goulottes s'écoulent. *Gargouille* se dit aussi des goulottes par où coulent les eaux qui se déchargent des fontaines et cascades.

Garni, *s. m.* Remplissage de moellon, de brique, etc., entre les carreaux et boutisses d'un gros mur. On fait aussi des *garnis* de caillou et autres pierres à sec, derrière quelques murs de terrasses pour les garantir de l'humidité.

Gauche, *adj.* Se dit de toute surface dont le contour n'est pas sur le même plan.

Génies, *s. m. pl.* Enfans ailés, de bronze, de marbre ou d'autre matière. Il y en a aussi de peints sur quelques plafonds et ailleurs.

Géométral, *adj.* Le dessin géométral a pour objet la représentation des corps solides sous le rapport de leurs dimensions vraies, abstraction faite des illusions de la perspective et des effets du clair obscur.

Gerçure, *s. f.* Crevasse dans un enduit de plâtre nouvellement fait. C'est aussi une ouverture dans les joints d'un ouvrage de menuiserie qui se déjette. On appelle encore *gerçures*, les défauts qui se trouvent dans le plomb, dans le fer et autres métaux.

Giron, *s. m.* La partie de la marche d'escalier sur laquelle on pose le pied.

Girouette, *s. f.* Pièce de fer-blanc fort mince, taillée en banderolle mise sur un pivot en un lieu élevé, en sorte que par sa position elle indique la direction du vent, au gré duquel elle tourne.

Glace, *s. f.* Verre d'un miroir. Le miroir lui-même s'il est de grande dimension.

Glacière, *s. f.* Citerne propre à conserver la glace pendant l'été.

GLACIS, *s. m.* Pente peu sensible pour faire des raccordements de terrain. *Glacis de corniche* est une petite pente sur la cymaise d'une corniche, pour faciliter l'écoulement des eaux de pluie. Les appuis de croisées sont aussi en glacis pour la même raison.

GLYPHE, *s. m.* Petit canal creusé en anglet ou en demi-rond. Il sert d'ornement dans la frise dorique et sur quelques moulures.

GNOMON, *s. m.* Instrument qui sert à mesurer la hauteur du soleil par la projection de l'ombre. Le style du cadran solaire est un gnomon. On appelle quelquefois ainsi l'ensemble de ce cadran.

GOBETER, *v. a.* Jeter du plâtre avec la truelle et passer la main dessus pour le faire entrer dans les joints des murs faits de moellon ou de platras.

GODET, *s. m.* Petite gouttière de plomb qu'on met aux chéneaux pour jeter l'eau, lorsqu'il n'y a pas de tuyaux de descente.

GODRONS, *s. m. pl.* Ornements d'architecture qui ressemblent à des amandes allongées. Il y en a aussi de creusés qui imitent l'intérieur d'un demi-noyau, et d'autres fleuronnés de plusieurs sortes.

GOND, *s. m.* Morceau de fer coudé et rond par la partie d'en haut, sur lequel portent les pentures d'une porte.

GORGE, *s. f.* Espèce de moulure dont le profil est une courbe concave, arrondie vers la partie inférieure. Cette moulure sert aux bases des piédestaux, aux cadres, etc.

GORGERIN, *s. m.* Petite frise des chapiteaux toscan et dorique, dont la partie supérieure se termine en adoucissement.

GOTHIQUE, *s. m.* et *adj.* On appelle en général *style gothique*, le mélange de l'architecture des Goths avec celle des Égyptiens, des Romains et des Maures.

GOUGE, *s. f.* Ciseau de fer en demi-rond ayant un manche de bois.

GOUJAT, *s. m.* Manœuvre qui porte l'oiseau.

6

Goulette, *s. f.* Petit canal de pierre ou de marbre ayant une pente douce et interrompue d'espace en espace par de petits bassins en coquilles pour le jeu des eaux.

Goulotte, *s. f.* Rigole taillée sur la cymaise d'une corniche pour faire écouler les eaux de pluie par les gargouilles.

Gousses, *s. f. pl.* Certains ornements du chapiteau ionique antique. Il y en a trois à chaque volute; elles sortent d'une même tige, qui naît proche les oves, s'étendent de leur hauteur et en cachent une partie.

Gouttes, *s. f. pl.* Petits ornements de forme pyramidale ou conique, sur l'architrave de l'ordre dorique, qui pendent d'une petite tringle, au nombre de six, sous chaque triglyphe. Il y a aussi des gouttes sous le plafond du larmier de la corniche dorique; elles répandent aussi des triglyphes : on en met dix-huit ensemble lorsque l'entablement a des denticules; s'il a des mutules, il doit y avoir trente-six gouttes.

Gouttière, *s. f.* Canal de pierre ou pièce de bois de sciage, garnie de plomb, par où s'écoulent les eaux de pluie.

Gradation, *s. f.* Disposition de plusieurs parties d'un édifice avec symétrie.

Gradins, *s. m. pl.* Amas de degrés disposés pour asseoir les auditeurs dans une classe, pour placer des collections de vases, d'objets d'histoire naturelle, etc.

Grandiose, *s. m.* et *adj.* Ce qui est grand aux yeux et à l'imagination de celui qui regarde un édifice.

Grange, *s. f.* Bâtiment où l'on serre les blés en gerbes.

Graticuler, *v. a.* Diviser un dessin ou un tableau en plusieurs carreaux pour le mettre en grand ou le réduire en petit.

Gravier, *s. m.* Gros sable.

Gravois, *s. m.* Débris de plâtre, de pierres et autres menues démolitions d'un vieux bâtiment.

Gravures, *s. f. pl.* Ouvrage de sculpture creusé, de peu de profondeur, dont on orne quelques parements de pierre.

GRENIER, *s. m.* Lieu où l'on garde les grains battus, où l'on serre les foins, où l'on met la paille.

GRÈS, *s. m.* Pierre composée de très-petits grains de sable agglutinés par un ciment invisible.

GRESSERIE, *s. f.* Se dit des ouvrages faits en grès et aussi des carrières d'où l'on tire le grès.

GRILLAGE, *s. m.* Assemblage de pièces de charpente qui se croisent carrément et qu'on établit sur un sol dont on n'a pu atteindre le fond solide pour asseoir les fondements.

GRILLE, *s. f.* Réunion de plusieurs barreaux de bois ou de fer, se traversant les uns les autres, pour empêcher qu'on ne passe par une ouverture, ou pour clore quelque enceinte.

GRIOTTE, *s. f.* Marbre tacheté de rouge et de brun.

GRISAILLE, *s. f.* Peinture en clair-obscur, employée pour représenter des corniches feintes, des frises, des bas-reliefs, etc.

GROTESQUE, *s. m.* et *adj.* Il se dit des figures bizarres et chargées, imaginées par l'artiste, et dans lesquelles la nature est outrée et contrefaite.

GROTTE, *s. f.* Construction dans un jardin ou parc, pour imiter les grottes naturelles.

GROUPE, *s. m.* Réunion de plusieurs figures, assemblage de divers objets matériels, afin de former une seule masse. En architecture, plusieurs colonnes engagées les unes dans les autres forment un groupe.

GRUE, *s. f.* Grande machine de bois à l'aide de laquelle on élève de grosses pierres pour les bâtiments. Ainsi nommée de ce que son échelier avance comme le cou de l'oiseau qu'on appelle *grue*.

GUÉRITE, *s. f.* Petit pavillon en bois ou en pierre à l'entrée d'une caserne ou d'un palais pour y loger les sentinelles.

GUEULE, *s. f.* (voyez CYMAISE).

GUICHET, *s. m.* Petite porte pratiquée dans les grandes portes d'une prison ou d'une ville fortifiée.

GUILLOCHIS, *s. m.* Espèce d'ornement composé de

lignes ondées, et, dans leur contour, parallèles les unes aux autres.

GUIRLANDE, *s. f.* Ornement de feuillages, de fleurs ou de fruits, employé particulièrement dans les frises.

GYNÉCÉE, *s. m.* C'était chez les anciens la partie de la maison disposée pour la demeure des femmes.

H

HACHE, *s. f.* Instrument de fer tranchant, qui a un manche, et dont on se sert pour fendre et couper le bois.

HAIE, *s. f.* Clôture faite de plantes épineuses ou de branchages entrelacés.

HALER, *v. a.* (l'h s'aspire et la première syllabe est brève). Attacher une pierre, une poutre à un câble. *Haler* se dit aussi pour ranger les câbles de part et d'autre, quand les fardeaux ne sont par chargés.

HALLE, *s. f.* Vaste emplacement couvert, destiné à la tenue des foires et marchés.

HANGAR, *s. m.* (l'h s'aspire). Appentis soutenu de piliers dans une basse-cour, pour mettre à couvert les chariots, charrettes, herses, etc.

HARAS, *s. m.* (l'h s'aspire). Logement ou lieu destiné à mettre des juments poulinières avec des étalons.

HARMONIE, *s. f.* Ensemble d'un édifice lorsqu'il est d'une architecture régulière et majestueuse.

HARPES, *s. f. pl.* (l'h s'aspire). Pierres qu'on laisse sortir hors d'un mur, à distances égales, pour faire liaison avec les pierres d'un autre mur qu'on veut joindre par la suite.

HAUTEUR, *s. f.* Étendue d'un corps élevé. On dit qu'un bâtiment est arrivé à hauteur, lorsque les murs ont l'élévation qu'on voulait leur donner, que les arrases sont mises pour recevoir la charpente.

HÉLICES OU VRILLES, *s. f. pl.* Petites volutes du chapiteau corinthien. Elles naissent des caulicoles et sont placées sur les roses de l'abaque.

HÉMICYCLE, *s. m.* Trait d'une voûte, ou d'un arc, d'un demi-cercle parfait. On entend aussi par ce mot un amphithéâtre élevé sur un plan semi-circulaire.

HEPTAGONE, *s. f.* et *adj.* Figure à sept angles et autant de côtés.

HÉRALDIQUE, *adj.* On appelle *colonne héraldique*, celle qui est chargée d'écussons ou armoiries d'une famille.

HERMÈS, *s. m.* Gaîne portant une tête du dieu Mercure.

HERMITAGE ou ERMITAGE, *s. m.* Petite maison d'hermite dans un désert, ou imitation de ce genre d'habitation dans un parc.

HEURT, *s. m.* Le point le plus élevé d'une chaussée, d'un pont, etc., ou bien encore la courbure en contre-haut d'un tuyau de conduite.

HEURTOIR, *s. m.* Le marteau qui sert à heurter à une porte.

HEXAÈDRE, *s. m.* (terme de géométrie). Cube ou figure terminée par six carrés égaux.

HEXAGONE, *s. m.* Polygone régulier qui a six côtés.

HEXASTYLE, *s. m.* et *adj.* Édifice qui a six colonnes de front.

HIE, *s. f.* Pièce de bois en forme de cylindre, dont le bout inférieur est garni de fer. Elle a deux anses et sert à enfoncer le pavé. Les ouvriers l'appellent *demoiselle*. Elle sert aussi à enfoncer les pilotis, et dans cet usage on la nomme aussi *mouton*.

HIER, *v. a.* Enfoncer des pierres, des pavés ou des pilotis avec la hie.

HIÉROGLYPHE, *s. f.* Figure emblématique dont les Egyptiens composaient leurs inscriptions mystérieuses sur des obélisques, des murs, des plafonds, etc.

HIMENT, *s. m.* La manière de battre les pavés avec la hie pour les enfoncer.

HIPPODROME, *s. m.* Lieu disposé pour les courses de chevaux.

HÔPITAL, *s. m.* Maison destinée à recevoir les pauvres ou les malades.

HOSPICE, *s. m.* S'entendait originairement d'une mai-

6..

son religieuse établie pour accueillir les pèlerins. Aujourd'hui il est devenu à peu près synonyme d'hôpital.

Hôtel, *s. m.* Grande maison d'habitation ou édifice public. Il se dit aussi d'une maison garnie.

Hôtel-de-ville, *s. m.* Édifice où s'assemble le corps municipal.

Hôtellerie, *s. f.* Maison située sur la grande route et destinée à loger les voyageurs.

Hotte, *s. f.* Hotte de cheminée est la partie du tuyau de cheminée qui pose sur le manteau.

Hourder, *v. a.* (l'*h* s'aspire). Maçonner grossièrement des moellons avec du mortier ou du plâtre, sans y mettre d'enduit. *Hourder* se dit aussi lorsque l'on fait l'aire d'un plancher avec des lattes.

Hourdi ou Hourdage, *s. m.* Ouvrage de maçonnerie grossièrement fait en moellons ou platras. C'est encore la première couche de gros plâtre qu'on met sur un lattis pour former l'aire d'un plancher.

Huis, *s. m.* Vieux mot qui signifie *porte.*

Huisserie, *s. f.* Assemblage du linteau et des poteaux d'une porte de charpente. *Huisserie* se dit aussi de la menuiserie d'une porte, du vieux mot français *huis*, une porte.

Hydraulique, *s. f.* et *adj.* On appelle architecture hydraulique, celle qui a pour objet les constructions dans l'eau ou relatives au mouvement des eaux.

Hyperthyron, *s. m.* Table large d'une porte dorique en forme de frise au-dessus du chambranle.

Hypèthre, *s. m.* Espèce de temple des anciens. Il n'avait point de toit, ou plutôt il était éclairé par le haut du toit percé à jour : les faces antérieure et postérieure étaient décastyles. Il y avait deux rangs de colonnes tout autour. Intérieurement il était environné de deux ordres de colonnes l'un sur l'autre : elles étaient éloignées du mur et formaient des portiques ou ailes comme aux péristyles.

Hypocauste, *s. m.* Fourneau souterrain à l'usage des étuves.

Hypogée, *s. m.* Lieux souterrains destinés chez les anciens à la sépulture des morts.

Hypothénuse, *s. f.* (terme de géométrie). Grand côté d'un triangle carré, nommé aussi base ou ligne subtendante.

I

Iconographie, *s. f.* Représentation horizontale et géométrale d'un édifice.

If, *s. m.* Petit échafaudage de forme pyramidale, destiné à recevoir des lampions.

Ile, *s. f.* Se dit d'un pâté ou agglomération de maisons entourées de rues de tous côtés.

Impastation, *s. f.* Ouvrages composés de substances broyées, mises en pâte, puis durcies à l'air ou au feu, comme les stucs, les marbres artificiels, etc.

Impériale, *s. f.* Espèce de dôme en charpente, à profil chantourné, dont le sommet se termine en pointe.

Imposte, *s. f.* Assise qui couronne le jambage ou pied-droit d'une arcade et sur laquelle pose le coussinet. L'imposte est ordinairement marquée par une moulure dont le profil est conforme à l'ordre auquel appartient l'arcade dont elle fait partie.

Impression, *s. f.* On appelle ainsi, en architecture, la couche de couleur que le peintre en bâtiment applique sur les fers et les bois pour les conserver.

Imprimer, *v. a.* Peindre les ouvrages de charpenterie et de serrurerie pour les conserver.

Incrustation, *s. f.* Ornements en marbre, en ivoire, en bronze, en argent, etc., dont on remplit des entailles faites à la surface d'un mur, d'un pavé, d'une boiserie, etc.

Incruster, *v. a.* Orner d'incrustations des membres d'architecture, des lambris, etc.

Infirmerie, *s. f.* Bâtiment ou dortoir commun destiné au logement des malades dans un hospice, un collége, etc.

Intérieur, *s. m.* S'emploie, en terme absolu, pour signifier l'intérieur d'un édifice.

Interjection, *s. f.* Point où deux lignes se coupent l'une l'autre.

Intrados, *s. m.* C'est la surface intérieure, le dessous d'une voûte.

Ionique, *adj.* Est le nom sous lequel on désigne le troisième des six ordres d'architecture et les divers membres qui s'y rattachent.

Isolement, *s. m.* S'entend de la distance entre deux parties de construction qui laissent un vide entre elles.

J

Jalousie, *s. f.* Fermeture de fenêtre formée de planches minces qui, montées sur des cordons, se meuvent et se replient au moyen de petites poulies.

Jambage, *s. m.* Construction de maçonnerie élevée à plomb pour soutenir quelque partie de bâtiment.

Jardin, *s. m.* Terrain ordinairement enclos, planté pour le plaisir de la promenade.

Jarret, *s. m.* Imperfection dans une ligne ou une surface qui forme une sinuosité ou un angle saillant.

Jet-d'eau, *s. m.* Eau qui s'élance d'une fontaine jaillissante.

Jeu-d'eau, *s. m.* C'est la diversité des formes qu'on fait prendre aux jets-d'eau, en variant celle des ajutages.

Joint, *s. m.* Intervalle qui reste entre deux pierres après qu'elles sont posées, et que l'on remplit avec du mortier, du plâtre ou du ciment.

Jointif, *adj.* Se dit d'un lattis dont les lattes sont près les unes des autres.

Jointoyer, *v. a.* Remplir les joints des pierres avec du mortier.

Jouée, *s. f.* C'est, dans une baie de porte, de fenêtre ou de soupirail, l'épaisseur du mur dans lequel cette baie est ouverte.

Jouillières, *s. f. pl.* On appelle ainsi la partie des murs de la chambre d'une écluse où sont placées les portes.

Jour, *s. m.* Toute ouverture pratiquée pour éclairer les intérieurs d'un édifice.

Jubé, *s. m.* Tribune élevée transversalement entre la nef et le chœur d'une église, au-dessus de l'entrée du chœur.

K

Kiosque, *s. m.* Petit pavillon, ouvert de tous côtés, situé à l'extrémité d'une terrasse, pour jouir de la vue.

L

Labyrinthe, *s. m.* Bosquet de plusieurs allées entrelacées, bordées de palissades, dont la sortie est difficile à trouver. Il représente le labyrinthe des anciens.

Laiterie, *s. f.* Lieu dans une ferme qui sert à la préparation des laitages.

Lambris, *s. m.* Plafond revêtu de menuiserie. C'est aussi un revêtement de menuiserie ou de marbre dont on couvre les murs d'une pièce d'appartement. *Lambris* se dit encore des enduits faits sur lattes jointes sous le rampant des combles.

Lampadaire, *s. m.* Espèce de lustre garni de lampes. Le lampadaire, ordinairement en bronze, diffère du lustre en ce qu'il n'est point à jour, ni chargé de cristaux.

Languette, *s. f.* Mur qui sépare les tuyaux d'une cheminée, un puits mitoyen, une chausse d'aisance, etc. *Languette* (terme de charpenterie et de menuiserie), partie la plus mince qui entre dans les rainures.

Lanterne, *s. f.* Petit dôme sur colonnes à entre-colonnements vides placé sur le sommet d'un édifice, et principalement des églises. Dans ce dernier cas, il s'appelle aussi *campanile*, si on y a placé les cloches de l'horloge.

Larmier, *s. m.* Moulure de la partie supérieure de la corniche, carrée, saillante et pendante, disposée pour empêcher les eaux de pluie de tomber le long du mur ou des colonnes. C'est aussi la plinthe pratiquée pour le même but sous l'égout du chaperon d'un mur de clôture, ou au couronnement d'une souche de cheminée.

Latéral, *adj.* On appelle nefs latérales ou bas côtés d'une église, les nefs adjacentes à la nef principale.

Latomies, *s. f. pl.* Les excavations de carrières qui servaient de prisons chez les anciens.

Latte, *s. f.* Pièce de bois de fente longue, étroite et plate, que l'on élève sur des chevrons.

Lattis, *s. m.* Couverture en lattes.

Laver, *v. a.* Colorier un plan par le procédé du lavis.

Lavis, *s. m.* Genre de peinture pour lequel on fait usage de couleurs détrempées à l'eau de gomme. Le lavis s'emploie pour donner du corps à des dessins déjà tracés au simple trait.

Lavoir, *s. m.* Bassin où on lave le linge. Lieu où se trouve l'évier d'une cuisine ; c'est aussi une machine à laver le minérai dans les usines.

Levée, *s. f.* Élévation de terre ou de pierre en forme de digue ou de chaussée.

Levier, *s. m.* Barre qui sert à soulever de grosses pierres ou d'autres fardeaux.

Lézarde, *s. f.* Crevasse en fente, qui se fait dans les murs.

Liaisonner, *v. a.* Arranger les pierres en sorte que les joints des unes posent sur le milieu des autres. C'est aussi remplir leurs joints de mortier, pendant qu'elles sont sur les cales : de là le terme de *maçonnerie de liaison*.

Lierne, *s. f.* Nervure d'une voûte d'ogive, qui s'étend de l'extrémité des tierçons à la clef de la voûte. *Lierne* est encore une pièce de bois qui sert à faire les planchers en galetas.

Lierner, *v. a.* C'est attacher des liernes.

Ligne, *s. f.* Trait simple, considéré comme n'ayant ni largeur ni profondeur. Les lignes de l'architecture sont les divers plans horizontaux formés par les soubassements, par les membres et les moulures de l'entablement, etc. On appelle encore *ligne*, le cordeau ou ficelle, dont les constructeurs se servent pour dresser leurs ouvrages. La ligne est aussi une certaine mesure, le douzième du pouce.

Linande, *s. f.* Pièce de bois de sciage plate, peu large et peu épaisse.

Limon, *s. m.* C'est le noyau, la vis ou la rampe, dans laquelle s'assemblent les marches d'un escalier, du côté opposé aux murs de la cage.

Limosinage, *s. m.* Maçonnerie de moellon et de mortier avec des parements bruts.

Linéaire, *adj.* Dessin linéaire ou géométral (voyez ce dernier mot). Ce genre de dessin reproduit les proportions exactes, la mesure et les dimensions vraies de chaque objet.

Lingerie, *s. f.* Salle destinée dans les hospices, les colléges, etc., à recevoir le linge blanc.

Linteau, *s. m.* Pièce de bois placée en travers sur les jambages d'une porte ou d'une fenêtre, pour en former la partie supérieure et porter les constructions au-dessus.

Listel, *s. m.* Petit membre carré qui couronne une moulure. Il a ordinairement le double du filet.

Lit, *s. m.* Assise de pierre. On appelle lit de voussoir, le côté caché dans les joints.

Local, *s. m.* C'est la disposition ou la destination des lieux.

Loge, *s. f.* Petit logement d'un portier. *Loges* se dit aussi de plusieurs petites constructions séparées les unes des autres, comme celles d'une salle de comédie, etc. En Italie on donne le nom de *loge* à une galerie ou portique en avant-corps, pratiqué à l'un des étages d'un palais, pour jouir de la vue et de la fraîcheur.

Logis, *s. m.* Maison d'habitation : il est quelquefois synonyme d'hôtellerie.

LOQUET, *s. m.* Sorte de fermeture qui s'ouvre en haussant.

LOSANGE, *s. f.* Figure composée de quatre côtés, dont deux opposés sont aigus et les deux autres obtus. Les mathématiciens l'appellent *rhombe*.

LOUVE, *s. f.* Espèce de coin de fer, plus large par en bas que par en haut.

LOUVER, *v. a.* Faire un trou dans une pierre, pour y poser la louve, afin d'élever cette pierre sur le tas.

LUCARNE, *s. f.* Petite fenêtre pratiquée sur l'entablement d'une maison ou sur les toits, pour éclairer les greniers.

LUNETTE, *s. f.* Espèce de voûte qui traverse les reins d'un berceau. *Lunette* se dit aussi d'une petite ouverture que l'on pratique sur le toit d'une maison, ou sur la flèche d'un clocher pour donner du jour à la charpente.

LUTRIN, *s. m.* Espèce de pupitre élevé sur une base et tournant sur un pivot, pour porter les livres d'église appelés antiphoniers.

LYTRE, *s. f.* Ceinture funèbre peinte autour d'une église, tant au dedans qu'au dehors. On écrit aussi *litre*.

M

MACHECOULIS, *s. m.* Espèce de muraille, portée en saillie sur des corbeaux de pierre au haut du pourtour des vieux châteaux.

MACHINE, *s. f.* On entend par ce mot toute espèce d'instrument propre à faire mouvoir, à tirer, lever, traîner, lancer quelque chose. *Machines*, au pluriel, s'entend des objets que la mécanique fait mouvoir dans les théâtres.

MACHINISTE, *s. m.* Celui qui établit et fait les machines d'un théâtre.

MAÇON, *s. m.* Artisan qui fait tous les ouvrages des bâtiments où il entre de la pierre, de la chaux, du plâtre et autres matières semblables.

MAÇONNERIE, *s. f.* Est l'art de construire par les procédés propres au maçon ; c'est aussi l'ouvrage du maçon.

MADRIER, *s. m.* Gros ais en manière de plate-forme. Les madriers servent à asseoir les murs sur les terrains peu solides ; ils servent aussi à soutenir les terres de quelques ouvrages.

MAGASIN, *s. m.* Hangar fermé où un entrepreneur tient les machines, outils, cordages, et généralement tout ce qui est nécessaire pour la construction des édifices. C'est aussi un lieu où l'on serre des marchandises, des provisions, etc.

MAILLER, *v. a.* Espacer des échalas par intervalles égaux, soit qu'on les fasse carrés ou en losange. *Mailler* se dit aussi pour faire un parterre d'après un dessin, et le tracer en grands carreaux en pareil nombre sur le terrain.

MAILLES, *s. f. pl.* Intervalles carrés ou en losange, faits avec des échalas croisés et liés de fil de fer dans les treillages. *Mailles* se dit aussi des ouvertures qu'on laisse dans un treillis de fer pour les baies ou jours de coutume.

MAILLET, *s. m.* Marteau fait d'un gros billot de bois, qui sert aux sculpteurs, tailleurs de pierre, menuisiers, etc.

MAISAIN, *s. m.* Petites planches de bois de chêne pour les ouvrages de menuiserie. Il s'emploie en guise de tuiles.

MAISON, *s. f.* Bâtiment construit pour servir d'habitation.

MALFAÇON, *s. f.* Ce qu'il y a de mal fait dans les travaux d'un bâtiment.

MANÉGE, *s. m.* Lieu destiné à dresser les chevaux. C'est ordinairement un bâtiment de forme circulaire.

MANIER A BOUT, *v. a.* (terme de couvreur et de paveur). Relever la tuile ou l'ardoise d'une couverture ; y ajouter du lattis neuf et y mettre de nouvelles tuiles ou ardoises à la place de celles qui ne peuvent plus servir. Asseoir du vieux pavé sur une forme neuve, ne faisant qu'ôter les pavés cassés à la place desquels on en met d'autres.

MANIVELLE, *s. f.* (terme de mécanique). Pièce de fer ou de bois, qui sert à tourner l'essieu d'une machine.

MANŒUVRE, *s. m.* Ouvrier qui aide les maçons, les couvreurs, etc. On donne aussi ce nom à un artiste qui exécuterait grossièrement un ouvrage.

MANSARDE, *s. f.* Toit de maison, dont le comble est presque plat et les côtés presque à-plomb.

MANTEAU, *s. m.* Un manteau de cheminée est la partie de la cheminée en saillie au-dessus de l'âtre.

MANUBIAIRE, *adj.* On appelle colonne *manubiaire,* celle qui est ornée de bas-reliefs qui représentent des trophées.

MANUFACTURE, *s. f.* Bâtiment renfermant les ateliers destinés à la fabrication de certains ouvrages.

MARBRE, *s. m.* Sorte de pierre calcaire, extrêmement dure et solide, qui reçoit le poli.

MARBRIER, *s. m.* Ouvrier en marbre.

MARCHE, *s. f.* Degré d'un escalier, d'un perron, etc.

MARCHÉ, *s. m.* Lieu public, réservé pour la vente des denrées.

MARDELLE, *s. f.* (voyez le mot suivant).

MARGELLE, *s. f.* Large pierre évidée, qui forme à hauteur d'appui la dernière assise du mur circulaire d'un puits.

MARQUETTERIE, *s. f.* Ouvrage fait de plusieurs pièces de bois rapportées, de couleurs différentes, qui forment divers ornements.

MARTEAU, *s. m.* Outil de fer à manche, propre à battre, à cogner, à forger, etc. Il se dit aussi d'un gros anneau ou console renversée, qui sert à frapper à une porte.

MASCARON, *s. m.* Ornement en forme de masque, que l'on place à la clef des arcades, et plus ordinairement encore à l'orifice des fontaines.

MASSE, *s. f.* L'ensemble, les grandes parties, soit du plan, soit de l'élévation d'un édifice.

Massif, *s. m.* et *adj.* Solidité, épaisseur d'un mur ; ce qui est épais et lourd.

Mastic, *s. m.* Composition dont on se sert pour joindre, coller et enduire quelques ouvrages.

Masure, *s. f.* Débris restés d'une chaumière ou maison de paysan.

Matériaux, *s. m. pl.* (ce mot n'a pas de singulier). Il signifie généralement tout ce qui peut servir à la construction des édifices.

Mausolée, *s. m.* Nom sous lequel on comprend tout monument sépulcral d'une certaine magnificence. Cette sorte de monument tire son origine du nom de *Mausole*, roi de Carie. Ce prince étant mort, Artémise, sa veuve, pour éterniser la mémoire de son mari, qu'elle avait aimé tendrement, fit construire un tombeau si admirable qu'il a passé pour une merveille du monde.

Médaillon, *s. m.* Cartouche rond dans lequel est sculpté de bas-relief une tête ou un sujet, à l'instar d'une tête ou d'un revers de médaille.

Médiane, *adj.* On appelle ainsi les colonnes du milieu d'une façade, dont l'entre-colonnement est plus large que celui des autres.

Membre, *s. m.* On comprend sous cette dénomination toutes les parties de l'architecture : la corniche, la frise, chaque moulure est un membre.

Membrette, *s. f.* (voyez Alette).

Membron, *s. m.* Petit membre, arrondi sous une bande de plomb, appelée bavette, en dessous du bourseau.

Membrure, *s. f.* On donne le nom de membrures aux pièces les plus solides d'un ouvrage de menuiserie ou de charpenterie, dans lesquelles s'enchâssent les panneaux. *Membrures* se dit aussi de quelques grosses pièces de bois refendues.

Ménagerie, *s. f.* Bâtiment où l'on entretient des bêtes étrangères et des oiseaux rares.

Meneaux, *s. m. pl.* Montants et traverses de pierre, de fer ou de bois, qui partagent en plusieurs guichets une baie de fenêtre.

Méniane, *adj.* On appelle colonnes *ménianes*, celles qui portent un balcon. L'origine de ce mot vient de ce qu'un certain *Menius*, citoyen romain, ayant vendu sa maison qui regardait sur la place des spectacles, se réserva seulement une colonne qui était devant, et qu'il surmonta d'un balcon pour continuer à jouir du spectacle.

Mensole, *s. f.* Pierre au milieu d'une voûte qui la ferme, l'arrête. C'est la même signification que *clef de voûte.*

Menuisier, *s. m.* Artisan qui travaille en bois pour des ouvrages qui servent au dedans des maisons, comme portes, parquets, tables, armoires, etc.

Méplat, **e**, *adj.* Se dit des ouvrages qui ont plus d'épaisseur que de largeur, et particulièrement des pièces de bois de sciage, comme une solive qui aurait six pouces sur trois.

Méridien, *s. m.* Cadran solaire qui marque les heures par la chute de l'ombre du style ou gnomon sur la ligne méridienne.

Mésaule, *s. f.* Les anciens désignaient sous ce nom de petites cours ménagées entre plusieurs corps de bâtiment, pour donner des jours et des dégagements aux intérieurs.

Mesure, *s. f.* Ce qui sert de règle, pour déterminer les quantités, les longueurs, les largeurs, les profondeurs.

Métairie, *s. f.* Espèce de ferme, louée à un métayer avec les bâtiments propres à l'exploitation.

Métatome ou **Métoche**, *s. m.* Espace ou vide d'un denticule à l'autre.

Métope, *s. m.* Intervalle carré entre les triglyphes de la frise de l'ordre dorique.

Métropole, *s. f.* Se dit d'une église qui est le siége d'un archevêché.

Mezzanine, *s. f.* Étage pratiqué au haut d'un bâtiment, comme celui d'un attique, ou autre petit étage au-dessus d'un grand. On donne aussi ce nom à une petite fenêtre moins haute que large.

Mikaret, *s. m.* Tour élevée auprès d'une mosquée (temple turc) du haut de laquelle les muezins ou crieurs appellent le peuple à la prière.

Minute, *s. f.* Subdivision du module et de la tête, considérés comme mesures proportionnelles, l'un de l'architecture, l'autre de la figure.

Miroir, *s. m.* Ornement en ovale, qui se taille dans les moulures creuses; il est quelquefois accompagné de fleurons.

Mitoyen, *adj.* Mur mitoyen, fossé mitoyen, etc., c'est-à-dire appartenant en commun à deux particuliers dont il sépare les propriétés.

Modèle, *s. m.* Le plan en relief, l'imitation en petit d'un édifice. Les modèles s'exécutent en plâtre ou en stuc pour les parties de pierre ou de marbre, et en bois pour les parties de charpente.

Modeler, *v. a.* Imiter quelque objet en terre molle, en cire ou en plâtre.

Modénature, *s. f.* Ce mot signifie, selon quelques-uns, les membres et moulures de l'architecture.

Modillons, *s. m. pl.* Petites consoles, posées sous le larmier d'une corniche corinthienne. Les modillons représentent le bout des chevrons qui sortent de la charpente d'un comble.

Module, *s. m.* Mesure arbitraire, qui se prend du diamètre inférieur de la colonne ou du pilastre. Le module de Vignole, qui est le plus suivi, est d'un demi-diamètre et se divise en douze parties pour les ordres toscan et dorique, et en dix-huit parties pour les autres ordres.

Moellon ou Moilon, *s. m.* Sorte de pierre à bâtir, dont on se sert ordinairement pour les murs de clôture et dont on fait du remplage aux murs de pierre de taille.

Môle, *s. m.* Massif de maçonnerie en forme de digue bâtie dans la mer, pour resserrer l'entrée d'un port et ajouter à sa sûreté.

Monolithe, *adj.* Il se dit d'un monument fait d'une seule pierre.

MONOPTÈRE, *s. m. et adj.* Temple des anciens. Cet édifice n'avait point de murailles, mais seulement une coupole soutenue par des colonnes.

MONOTRIGLYPHE, *s. m. et adj.* Se dit d'un entre-colonnement dont la largeur ne permet l'emploi que d'un seul triglyphe.

MONTÉE, *s. f.* C'est la hauteur, l'élévation d'un mur, d'une colonne, d'une voûte, etc.

MONTER, *v. a.* Monter une charpente : c'est en assembler les diverses pièces et la mettre en place.

MONUMENT, *s. m.* Édifice élevé pour conserver la mémoire de quelque événement remarquable, ou d'un personnage illustre.

MORCEAU, *s. m.* Terme usité par métaphore dans l'architecture, pour signifier un ouvrage bien entendu.

MORTAISE, *s. f.* Entaille faite dans l'épaisseur du bois, pour y faire entrer un tenon. *Mortaise* se dit aussi du vide d'un moufle où l'on met le rouet.

MORTIER, *s. m.* Chaux et sable mélangés.

MOSAÏQUE, *s. f.* Ouvrage composé de plusieurs petites pièces de rapport, taillées carrément et diversifiées de figures et de couleurs. On y emploie le marbre, le verre coloré ou l'émail.

MOUCHETTE, *s. f.* (voyez LARMIER).

MOUFLE, *s. m.* (terme de mécanique). Morceau de bois creusé qui renferme plusieurs poulies, lesquelles servent à multiplier les forces mouvantes.

MOULAGE, *s. m.* L'opération par laquelle on moule.

MOULE, *s. m.* Creux taillé et façonné, dans lequel on forme par fonte ou par impastation, une figure, un ornement, etc.

MOULER, *v. a.* Faire une figure, tirer une empreinte par le moulage.

MOULEUR, *s. m.* Ouvrier chargé des opérations du moulage.

MOULIN, *s. m.* Machine à moudre le blé. Ce nom s'étend au bâtiment qui la renferme.

MOULURE, *s. f.* Toute partie saillante, carrée ou ronde,

droite ou courbe, servant d'ornement dans l'architecture. Les corniches, les impostes, etc., sont formées d'un assemblage de moulures.

Mouton, *s. m.* Gros billot de bois armé de fer, avec quoi l'on enfonce les pieux.

Muette, *s. f.* Maison de chasse ainsi nommée, parce qu'on y dépose les *mues*, c'est-à-dire les bois dont le cerf se dépouille chaque année.

Mufle, *s. m.* Ornement de sculpture, qui représente des mufles de lion, d'ours, de taureau, etc.

Mur, *s. m.* Corps de maçonnerie, servant à enclore un terrain ou formant les parois d'une maison. On emploie dans ce dernier cas différentes sortes de murs. On appelle *gros murs*, ceux qui composent l'enceinte d'un édifice, ou qui le traversent dans son intérieur ; *murs de refend*, qui forment des divisions entre les gros murs ; *murs de cloison*, qui donnent les subdivisions comprises entre les murs de refend. Les *murs de face* sont ceux qui forment les grands côtés d'une maison, et *murs latéraux* ou *de pignon*, ceux qui forment les petits côtés.

Musée ou **Muséum**, *s. m.* Édifice construit en galeries destinées à recevoir des collections d'objets d'art ou de science.

Mutilation, *s. f.* Retranchement de quelque membre d'architecture, pour établir une baie, etc.

Mutilé, *adj.* Se dit d'une statue, d'une base, etc., lorsqu'il y manque quelque partie.

Mutiler, *v. a.*, une corniche, une base, c'est en retrancher la saillie pour quelque sujétion.

Mutule, *s. f.* Espèce de modillon carré qui, dans la corniche de l'ordre dorique, répond perpendiculairement au triglyphe.

N

Nacelle, *s. f.* Moulure creuse en demi-ovale, qu'on appelle aussi *gorge*.

Naissance, *s. f.* Le point où un membre d'architecture procède d'un autre et commence à saillir. La naissance d'une voûte, d'une colonne, etc. *Naissances* se dit aussi des pierres dont le parement est taillé en portion circulaire, et qui saillent un peu en leur partie supérieure, pour former ensuite une voûte.

Naumachie, *s. f.* Vaste bassin, entouré de portiques, sur lequel se donnait chez les anciens le spectacle d'un combat naval.

Nef, *s. f.* La partie de l'église qui s'étend depuis la porte principale jusqu'au chœur. Du mot *nef*, qui, en vieux français, signifie *navire*, soit parce que cette partie ressemble à un navire dont la quille serait en haut; soit plutôt parce que, dans ses premiers siècles, l'Église était représentée sous la forme symbolique d'un vaisseau.

Nerfs, *s. m. pl.* L'ensemble de moulures, arcs-doubleaux, formerets, liernes, etc., qui ornent et séparent les voûtes gothiques. On les appelle aussi *nervures.*

Nervures, *s. f. pl.* Moulures rondes sur le contour des consoles. Ce sont aussi dans les rinceaux, les côtes élevées de chaque feuille qui représentent les tiges des plantes naturelles.

Niche, *s. f.* Renfoncement pratiqué dans l'épaisseur d'un mur pour placer une statue, un groupe, etc.

Niveau, *s. m.* Instrument de mathématique par le moyen duquel on voit si un plan est uni et horizontal.

Nivellement, *s. m.* Opération par laquelle on cherche ou on établit une ligne horizontale sur le terrain.

Noue, *s. f.* Sorte de tuile faite en demi-canal, pour égoutter l'eau. *Noue*, angle rentrant entre deux combles. *Noue cornière* est celle où se joignent les couvertures de deux corps de logis. *Noue de plomb* est une table de plomb au droit du tranchis de toute la longueur de la noue d'un comble d'ardoise. Ainsi nommée figurément de la *noue*, sorte de terre grasse et humide, dont l'eau coule sans cesse.

Noulet, *s. m.* Enfoncement de deux combles qui se

rencontrent. *Noulets* se dit aussi des petites noues ou égouts qui se font sur les lucarnes, et particulièrement sur celles qu'on appelle demoiselles.

Noyau, *s. m.* Construction qui soutient l'espèce de voûte rampante formée par l'assemblage des marches d'un escalier à vis. Les sculpteurs appellent aussi *noyau*, la maçonnerie grossière sur laquelle ils appliquent le plâtre ou le stuc pour former une figure, et aussi, dans la fonte ou moule de potée, la masse du ciment dont ils remplissent l'intérieur du modèle en cire.

Nu, *s. m.* Surface d'un mur qui sert de champ aux saillies.

Nymphée, *s. f.* Grotte naturelle ou artificielle, ornée de fontaines, de bains, etc., telle qu'on pourrait se figurer la demeure des nymphes. Cette décoration n'est plus guère en usage que dans les grands jardins des princes italiens. Chez les anciens on donnait le nom de *nymphées* à certains jardins publics où l'on venait faire des festins de noces. Quelques auteurs disent *lymphées*.

O

Obélisque, *s. m.* Espèce de pyramide quadrangulaire, longue, étroite et tronquée de telle sorte que, sa hauteur étant égale à neuf ou dix fois l'un des côtés de sa base, ces côtés sont au sommet moindres de moitié qu'à la base. L'obélisque est ordinairement d'une seule pierre. Les obélisques sont probablement dus aux Égyptiens, qui s'en servaient comme de gnomons (style ou aiguille de cadran solaire).

Observatoire, *s. m.* Édifice disposé pour observer le mouvement des astres, et ordinairement aussi pour placer les instruments et faire tous les travaux relatifs à l'astronomie.

Octogone, *s. m.* Figure qui a huit faces et huit côtés. Ce mot est aussi adjectif.

OCTOSTYLE, *s. m.* Édifice où il y a huit colonnes en ligne droite ou circulaire. Il est aussi adjectif.

ODÉUM ou ODÉON, *s. m.* Était chez les anciens un portique dépendant du théâtre public où l'on faisait les répétitions.

OEIL-DE-BOEUF, *s. m.* Fenêtre ronde, ainsi nommée de ce que sa rondeur imite l'œil du bœuf.

OEUF, *s. m.* (voyez OVE).

OEUVRE, *s. f.* Corps d'un bâtiment. On dit : *dans œuvre* et *hors d'œuvre*, pour dire : par dedans ou par dehors. On dit aussi : reprendre un vieux mur *sous œuvre*, quand on l'étaie pour ne rebâtir que le pied. Le mot *œuvre* est quelquefois masculin. OEuvre est aussi dans les églises la table et le banc à l'usage des marguilliers.

OFFICE, *s. f.* Lieu près d'une cuisine ou d'une salle à manger, où l'on prépare le dessert. *Offices* se dit, au pluriel, des lieux dans un hôtel où l'on prépare et où l'on garde tout ce qui est nécessaire pour le service de la table. Quelques auteurs, contrairement au Dictionnaire de l'académie, font ce mot du genre masculin.

OGIVE, *s. m.* et *f.* Nervure qui tient lieu d'archivolte aux voûtes gothiques, et qui marque les arêtes de cette espèce de voûtes. Il est adjectif, quand il sert à spécifier la voûte gothique elle-même.

OLIVE, *s. f.* Ornement en forme de grains oblongs et enfilés, qu'on taille sur les baguettes et les astragales, ou dans les cannelures.

ONDES, *s. f. pl.* Ondes se dit de lignes composées d'une succession de courbes alternativement concaves et convexes, relativement l'une à l'autre. On dit en ce sens : les *ondes* d'une colonne torse.

OPÉRA, *s. m.* Se dit du théâtre même où l'on représente des pièces en musique, appelées *opéras*.

OPES, *s. m. pl.* Trous que les boulins, qui ont servi à l'échafaudage, laissent dans les murs. Ce mot est peu usité.

OPISTHODOME, *adj.* Se disait des temples qui, outre la porte principale ouverte sur le porche antérieur (pronaos), avaient une seconde porte à la façade postérieure. La bourse de Paris est une imitation, sous ce rapport, du temple opisthodome.

ORANGERIE, *s. f.* Serre destinée à conserver les orangers durant l'hiver.

ORATOIRE, *s. m.* Pièce d'un appartement, disposée pour la prière et la méditation.

ORBE, *adj.* Mur orbe, celui qui n'a aucune ouverture, ou qui est décoré de portes et fenêtres postiches.

ORDONNANCE, *s. f.* Disposition des parties du plan d'un édifice, choix des ordres, répartition des ornements, etc.

ORDRE, *s. m.* L'ensemble des parties dont se compose une façade d'édifice, selon le système aussi simple qu'élégant de l'architecture grecque. Ces parties sont la colonne et l'entablement formé lui-même de trois membres principaux, savoir : l'architrave, la frise et la corniche. Les professeurs d'architecture admettent cinq ordres : le *toscan*, le *dorique*, l'*ionique*, le *corinthien* et le *composite*. Les artistes en reconnaissent un sixième qu'ils nomment le *dorique grec* ou *ordre de Pœstum*. Il y a encore deux ordres secondaires : l'*attique* et le *rustique*.

OREILLONS, *s. m. pl.* Retours aux coins des chambranles des portes et des croisées, qu'on nomme aussi *crossettes*.

ORGUEIL, *s. m.* Grosse pierre ou morceau de bois, qu'on met sous le levier pour servir de point d'appui ou de centre, lorsque l'on veut mouvoir quelque fardeau.

ORGUES, *s. f. pl.* Instrument de musique particulièrement en usage dans les églises. Il n'est du ressort de l'architecture que pour ce qui concerne la menuiserie. Les premières orgues parurent en France l'an 756. Elles furent envoyées avec d'autres présents au roi Pépin par les ambassadeurs de l'empereur Constantin.

ORIENTER, *v. a.* Orienter un projet d'édifice, c'est déterminer quelle devra être la position des façades relativement aux quatre points cardinaux.

ORLE, *s. m.* Filet sous l'ove du chapiteau. On l'appelle aussi *ceinture*, particulièrement quand il est au bas du fût d'une colonne. On dit aussi *orlet*.

ORNEMENTS, *s. m. pl.* Colonnes, pilastres, corniches, festons, rinceaux, et généralement toutes les sculptures et moulures qui ornent le nu d'un édifice.

ORTOGRAPHIE, *s. f.* Est l'art de tracer le dessin de l'élévation d'un édifice, muni de cotes qui déterminent les dimensions de chaque partie. Ce mot est peu usité.

OURLET, *s. m.* Jonction de deux tables de plomb sur leur longueur; laquelle se fait en recouvrement par le bord de l'une repliée sur l'autre.

OUTIL, *s. m.* Tout instrument dont les artisans se servent pour leur travail.

OUVROIR, *s. m.* Grande salle dans les maisons d'asile ou de détention, destinée à la réunion des personnes assujetties au travail. Ce mot vient du vieux verbe français *ouvrer* (travailler).

OVALE, *s. m.* Figure ronde et oblongue. Ce mot est aussi adjectif.

OVE, *s. m.* Moulure dont le profil est un quart de cercle. *Oves* se dit aussi de certains ornements en forme d'œufs ou de châtaignes entr'ouvertes dans les chapiteaux ionique et composite. On en décore encore quelques moulures des mêmes ordres et d'autres.

OVICULE, *s. m.* Petit ove.

P

PAGODE, *s. f.* On appelle ainsi les temples des Indous et des Chinois; c'est aussi le nom de la statue de l'idole qu'ils y adorent.

PAL, *s. m.* Pièce aiguisée par un bout.

PALAIS, *s. m.* Maison d'un souverain, d'un prince,

d'un prélat. *Palais* se dit aussi du lieu où s'assemblent les pairs, les députés, les cours royales et les tribunaux.

Palées, *s. f. pl.* Rang de pieux fichés profondément en terre suivant le fil de l'eau et qui sert de pile pour porter les poutres d'un pont de bois.

Palestre, *s. f.* Lieu public, chez les anciens, où les jeunes gens se formaient aux exercices du corps.

Palier ou Repos, *s. m.* L'endroit de l'escalier où les marches sont interrompues par une espèce de plate-forme qui est propre à se reposer. Comme on écrivait autrefois *paillier*, on peut présumer que ce mot vient de la natte de paille que l'on y étend ordinairement pour nettoyer le dessous des pieds.

Palification, *s. f.* L'action de suppléer au défaut de fermeté du sol par un pilotis.

Palis, *s. m.* Est synonyme de *Pieu*.

Palissade, *s. f.* Clôture de palis ou pieux plantés en terre.

Palme, *s. f.* Représentation d'un rameau en sculpture. La palme sert d'attribut à la victoire et aux martyrs. C'est aussi le nom d'une mesure.

Palmettes, *s. f. pl.* Petits ornements en forme de feuilles de palmier que l'on met sur quelques moulures.

Pampre, *s. m.* Rinceau de sculpture avec des feuilles de vignes et quelques grappes de raisins.

Pan, *s. m.* Partie ou côté d'un mur, d'un comble, etc. ; c'est aussi un cloisonnage de charpente, formant le devant des anciennes maisons. Dans quelques localités on appelle *pan*, une certaine mesure de longueur (environ 7 pouces 6 lignes).

Panache, *s. m.* Portion de voûte sphérique en trompe, comprise entre les archivoltes de deux arcades et la ligne de l'entablement qui les couronne.

Paneterie, *s. f.* Lieu où l'on distribue le pain chez le roi.

Panier de fleurs, *s. m.* Ouvrage de sculpture représentant un panier rempli de fleurs ; il diffère de la corbeille en ce qu'il est plus haut et plus étroit.

Panneau, *s. m.* (on prononce *paneau*). Table de maçonnerie entre des cadres. On appelle *panneau de sculpture*, celui qui est orné de bas-reliefs. *Panneau* se dit aussi d'une des faces d'une pierre de taille. *Panneau en menuiserie*, c'est un carré de bois mince entre deux montans et deux traverses.

Panonceau, *s. m.* Girouette où il y a des armoiries.

Papeterie, *s. f.* Manufacture où on fait le papier.

Parallèle, *adj.* (on en fait aussi un substantif féminin ; terme de géométrie). Se dit des superficies et des lignes également distantes l'une de l'autre.

Parapet, *s. m.* Petit mur à hauteur d'appui, qu'on élève sur le bord des ponts, des quais et des murs de remparts.

Parascenium (voyez **Postscenium**).

Parastate (voyez **Antes**).

Parclose, *s. f.* Enceinte qui renferme le siége d'une stalle d'église.

Parement, *s. m.* Surface apparente et polie ou ouvragée de la pierre, du marbre ou du bois, employés dans la construction des bâtiments. *Parement brut* se dit de la position d'une pierre qui, bien qu'elle ne soit ni polie ni taillée, est à la surface de la construction.

Parloir, *s. m.* Salle où les personnes recluses reçoivent les visites. En Angleterre, c'est la pièce où l'on se réunit pour converser.

Parpain, **gne**, *adj.* On appelle *pierre parpaigne*, celle qui traverse l'épaisseur d'un mur.

Parquet, *s. m.* Assemblage de menuiserie composé d'un châssis carré, divisé par plusieurs traverses parallèles ou obliques ou diagonales, dont les vides sont remplis par de petits carreaux à rainures. Dans un tribunal le parquet est un lieu réservé aux magistrats. Au théâtre on appelle *parquet*, l'espace occupé par des spectateurs entre l'orchestre et le parterre.

Parterre, *s. m.* C'est au théâtre l'espace compris entre le parquet et l'enceinte formée par les loges de rez-de-chaussée. On appelle aussi *parterre*, la partie découverte d'un jardin qu'on orne de compartiments en buis, en fleurs, en gazon, etc.

PARTIE, *s. f.* Portion d'un édifice, comme un chapiteau, une corniche, un pilastre, etc.

PARVIS, *s. m.* Place publique devant la principale porte d'une cathédrale ou autre grande église.

PAS, *s. m.* Pierre au bas d'une porte. Elle diffère du seuil en ce qu'ayant plus de largeur que l'épaisseur du mur, elle saille en manière de marche.

PASSAGE, *s. m.* Petit corridor, dégagement pour aller d'une chambre, d'un appartement à un autre. C'est aussi une issue pratiquée entre deux rues parallèles.

PATENÔTRES, *s. m. pl.* Ornements de sculpture en grains de chapelet. Ils se taillent sur les astragales et se mettent au-dessous des oves.

PATÈRE, *s. f.* Vase dont on orne quelquefois les métopes ou quelques autres parties d'architecture. Il représente une sorte de vase plat dont les anciens se servaient dans les sacrifices. On donne aussi ce nom à une espèce de croissant, qui sert à relever les rideaux de lit ou de croisée.

PAVÉ, *s. m.* Bloc de grès dont on couvre la voie publique. *Pavé* s'entend également de l'ensemble du revêtement d'une rue, d'une cour, d'une salle. On dit aussi alors *pavement.*

PAVEUR, *s. m.* Ouvrier qui pose les pavés de grès. Le posage des pavés en brique est du ressort du carreleur.

PAVILLON, *s. m.* Bâtiment carré qui joint un corps de logis : il est quelquefois isolé.

PENDENTIF, *s. m.* Portion de voûte entre les arcs d'un dôme.

PENTAGONE, *adj. et s. m.* Figure à cinq côtés.

PENTE, *s. f.* Inclinaison plus ou moins forte que l'on donne à un terrain ou à un ouvrage de maçonnerie.

PENTURE, *s. f.* Plaque de fer qu'on cloue à une porte ou à une fenêtre ; elle a une ouverture pour y faire entrer un gond sur lequel elle se meut.

Percement, *s. m.* Ouverture faite après coup dans un bâtiment, pour former une baie de porte ou de fenêtre.

Perche, *s. f.* Piliers ronds, menus, réunis en faisceau, se courbant vers le haut, pour former les nerfs de quelque voûte ogive dans l'architecture gothique. C'est encore le nom d'un brin de bois de 10 à 12 pieds; celui aussi d'une mesure de longueur variant de 18 à 22 pieds.

Péridrome, *s. m.* Espace formant galerie entre les colonnes et le mur d'un périptère.

Périptère, *s. m.* et *adj.* Temple des anciens: il avait six colonnes à la face de devant, autant à celle de derrière, et onze colonnes de chaque côté, en y comptant celles des coins.

Péristyle, *s. m.* et *adj.* Édifice ayant un ou plusieurs rangs de colonnes intérieurement ou extérieurement. Ce mot est employé substantivement, pour signifier la suite de colonnes qui se détachent en avant de l'édifice.

Perpendiculaire, *s. f.* et *adj.* Ligne ou superficie, qui tombe à plomb à angles droits sur une autre ligne ou sur un autre plan.

Perron, *s. m.* Escalier à découvert et en dehors, pour monter à un étage peu élevé en dessus du rez-de-chaussée, ou pour communiquer à quelque terrasse dans un jardin.

Persan, *s. m.* Statue d'homme qui porte un entablement ou autre partie d'un édifice. (Voyez pour l'origine le mot **Persique**.)

Persienne, *s. f.* Fermeture de fenêtre, formée de planches minces montées dans des châssis à vantaux.

Persique, *s. m.* et *adj.* Ordre d'architecture inventé par les Grecs, dont Vitruve rapporte l'origine. Il dit que les Lacédémoniens, sous la conduite de Pausanias, fils de Cléombrote, ayant défait une puissante armée de Perses à la bataille de Platée, pour marque de leur victoire, ils bâtirent du butin de leurs ennemis une galerie qu'ils appelèrent *persique*, dans laquelle des statues, en forme de Perses captifs avec leurs vêtements ordinaires, soutenaient la voûte; afin de laisser à la postérité un monument de leur vengeance, ils se servirent de l'ordre dorique, et au lieu du fût de la colonne, ils y placèrent les figures de ces esclaves, et en firent un ordre d'architecture qu'on a appelé l'ordre *persique*.

PERSPECTIVE, *s. f.* C'est la science de déterminer à quel point doivent être placés et dans quelles lignes doivent être circonscrits des objets diversement situés dans l'espace.

PEUPLER, *v. a.* Garnir un plancher de solives, une cloison de poteaux et autres pièces de bois, une panne de chevrons, etc.

PIC, *s. m.* Outil de fer qui n'a qu'une pointe; il est attaché à un manche et sert aux maçons, terrassiers et pionniers, à ouvrir et remuer la terre.

PIÈCE, *s. f.* Antichambre, chambre, salle, cabinet, etc., dont un appartement est composé : ainsi on dit un appartement de quatre, cinq, six pièces, etc.

PIED, *s. m.* Escarpe d'une muraille, la plus basse partie d'un mur. C'est aussi le nom d'une mesure.

PIED-DROIT, *s. m.* Pilier carré servant de support à une arcade, de jambage à une porte, à une cheminée, etc.

PIEDESTAL, *s. m.* Soubassement qui a le tiers de la hauteur de la colonne ou du pilastre de son ordre. Il a trois parties : une base, un dé et une corniche.

Le piédestal *toscan* a pour base un plinthe et un filet; un dé dont la partie inférieure se termine en adoucissement, et pour corniche un talon et un réglet.

Le piédestal *dorique* a pour base un socle, un plinthe, une gorge, un astragale et un filet; le dé se termine en adoucissement en sa partie inférieure : il a pour corniche un talon, un larmier refouillé par-dessous en canal, un filet et un oye couronné d'un autre filet.

Le piédestal *ionique* a pour base un plinthe, un

filet, une gorge, un astragale, un dé qui commence par un adoucissement avec un filet et se termine de même. Il a pour corniche un astragale, un ove, un larmier refouillé en canal et un talon couronné d'un réglet.

Le piédestal *corinthien* a pour base un plinthe, un tore, un filet, une gorge, un astragale; un dé qui naît et finit par un adoucissement et un filet; et pour corniche, un astragale, une frise, un filet, un autre astragale, un ove, un larmier refouillé en demi-creux et un talon couronné d'un filet.

Le piédestal *composite* est semblable au corinthien, à l'exception de la corniche, qui a un astragale, une frise, un cavet, un filet, une doucine, un larmier refouillé en canal et un talon couronné d'un filet.

PIÉDOUCHE, *s. m.* Petit piédestal en adoucissement avec moulures, qu'on met sous un buste ou sous une petite figure de plein-relief.

PIERRE, *s. f.* Corps dur et solide qui se forme dans la terre, et dont on se sert pour la construction des bâtiments.

PIERRÉE, *s. f.* Petit conduit fait sous terre avec du moellon sec par en bas, et couvert de ciment pour faire écouler des eaux souterraines, qui rendraient la terre d'un jardin trop humide et trop froide.

PIEU, *s. m.* Grosse pièce de bois pointue pour ficher en terre.

PIGEON, *s. m.* Poignée de plâtre pressée dans la main avec la truelle, pour faire une languette de cheminée de plâtre pur.

PIGNON, *s. m.* On appelle ainsi la partie triangulaire de mur, qui occupe l'angle formé par les deux côtés d'un comble à double égout. Le *pignon à redans* est celui dont les deux montans forment une suite de degrés. Le pignon entrepâté, au lieu d'être triangulaire, suit le mouvement des lignes d'un comble brisé.

PILASTRE, *s. m.* Colonne carrée engagée dans un mur, et qui n'en saille que d'une quatrième, sixième ou huitième partie de son épaisseur. Le pilastre a les mêmes ornements et les mêmes proportions que les colonnes de l'ordre dans lequel on le fait entrer.

Pile, *s. f.* Forte construction de maçonnerie entre deux arches d'un pont de pierre, pour en soutenir la voûte.

Pilier, *s. m.* Corps de maçonnerie élevé pour soutenir une voûte ou une architrave. On confond souvent, mais à tort, les pilastres et les pieds-droits avec le pilier.

Pilier-boutant ou Contrefort, *s. m.* Corps de maçonnerie nécessaire pour appuyer des murs qui soutiennent des voûtes ou des terrasses.

Pilot ou Pilotis, *s. m.* Pièce de bois, dont une des extrémités est effilée, durcie au feu, ou garnie d'un sabot de fer, qu'on enfonce en terre pour y asseoir une construction.

Pilotage, *s. m.* Fondation ferme et stable, faite de plusieurs rangs de pieux appelés *pilotis*. On dit terrain de pilotage pour désigner un sol aquatique ou de peu de consistance.

Pioche, *s. f.* Outil dont se servent les maçons, carriers, pionniers, etc., pour remuer la terre.

Piochon, *s. m.* Espèce de petite besaiguë, servant aux charpentiers pour frapper dans de grandes mortaises.

Piquer, *v. a.* Tailler du moellon sans le rendre bien uni. On pique aussi le grès et la pierre de taille, quand on y fait de petits creux et points pour ornement ou pour les rustiquer.

Piquets, *s. m. pl.* Bâtons pointus qu'on fiche sur le terrain, pour marquer les angles et les mesures d'un plan qu'on veut tracer, ou d'un travail qu'on veut conduire.

Piqueur, *s. m.* Homme qui fait travailler les ouvriers, en tient le rôle et marque leurs absences.

Pisé, *s. m.* Espèce de brique sèche, non cuite, formée avec de la terre soumise à une forte pression.

Pivot, *s. m.* Pointe de fer ou d'autre matière, qui supporte un corps solide sur laquelle on le fait tourner aisément.

Placage, *s. m.* C'est l'action d'appliquer des feuilles de bois précieux sur un assemblage de menuiserie commune.

Placard, *s. m.* C'est l'ensemble des pièces qui composent le chambranle et l'ornement d'une baie de porte. C'est aussi le nom d'une espèce d'armoire pratiquée dans l'épaisseur d'un mur.

Place, *s. f.* Lieu public découvert et environné de bâtiments, soit pour embellir une ville, soit pour la commodité du commerce. *Place*, terrain où l'on peut bâtir ou qui est déjà bâti.

Plafond, *s. m.* Plan supérieur d'une pièce d'appartement, comme le plancher en est le plan inférieur.

Plafonner, *v. a.* Revêtir d'un lattis enduit de plâtre le dessous des solives du plancher d'un étage supérieur, pour obtenir à l'étage inférieur ce qu'on appelle un plafond.

Plain-pied, *s. m.* Se dit en parlant des pièces d'un appartement qui sont sur un même plan, c'est-à-dire que l'on passe de l'une à l'autre, sans monter ni descendre.

Plan, *s. m.* Dessin au simple trait, des lignes et des contours suivant lesquels doivent s'élever les constructions d'un édifice et l'indication par une teinte ordinairement noire, de l'épaisseur et de l'assiette que devront avoir à leur base toutes ces constructions.

Planche, *s. f.* Ais, morceau de bois scié en long et de peu d'épaisseur. Il se dit aussi de la feuille de cuivre sur laquelle on grave.

Plancher, *s. m.* Plate-forme en planches dont on revêt l'aire d'une pièce d'appartement. C'est aussi cette aire elle-même, de quelque nature qu'en soit le revêtement, en carreaux, marbre, mastic, etc. On entend encore par *plancher*, l'ensemble de la charpente et de la maçonnerie, qui établit la division entre deux étages d'une maison.

PLANCHETTE, *s. f.* Petite planche. C'est aussi le nom d'un instrument de mathématique propre à lever des plans.

PLANTER, *v. a.* Disposer les premières assises de pierre dure sur la maçonnerie des fondements d'un édifice. *Planter* se dit aussi des pilotis qu'on enfonce jusqu'au refus du mouton ou de la hic.

PLAQUIS, *s. m.* Tout morceau de pierre ou de marbre, de peu d'épaisseur, formant un parement.

PLATE-BANDE, *s. f.* Moulure plate et carrée, telle que celle qui couronne les triglyphes de la frise dorique. C'est aussi, dans une baie de porte ou de croisée, la pierre ou la pièce de bois qui porte sur les jambages, et ferme la baie par en haut.

PLATÉE, *s. f.* Couche épaisse de maçonnerie qu'on établit sur toute l'étendue des fondements d'un bâtiment, et sur laquelle on trace le plan de l'édifice pour servir de règle aux ouvriers constructeurs.

PLATE-FORME, *s. f.* Surface horizontale, construite en maçonnerie et revêtue de plomb ou de carreaux dont, au lieu de toits à égouts, on fait la couverture de certaines parties d'édifice. On appelle aussi *plate-forme*, l'assemblage de pièces de charpente que l'on dispose sur un pilotage, pour assurer une construction sur pilotis.

PLATRAS, *s. m. pl.* Débris d'ouvrages de plâtre que l'on convertit souvent en matériaux nouveaux.

PLATRE, *s. m.* Sorte de pierre que l'on cuit et que l'on met en poudre, pour servir à divers usages dans les bâtiments. *Plâtres*, au pluriel, signifie tous les menus ouvrages de plâtre d'un édifice, comme les lambris, les corniches, etc. On entend encore par là les bustes, statues, bas-reliefs, etc., modelés d'après les maîtres.

PLEIN, *s. m.* Massif d'un mur.

PLI, *s. m.* Tout angle rentrant d'un mur, qui se continue d'ailleurs sur une même ligne.

PLINTHE, *s. m. et f.* Moulure plate et carrée, qui fait

partie des bases des colonnes, pilastres et aussi des bases des piédestaux. On met encore des *plinthes* sous les statues, sous des vases, etc. C'est aussi une plate-bande, comme celles qui séparent les différents étages des façades des édifices.

PLOMB, *s. m.* Le plus pesant des métaux après l'or; il est très-mou. *Plomb*, petit poids de quelque métal dont les maçons, charpentiers et autres ouvriers, se servent pour niveler, pour prendre leurs aplombs.

PLOMBER, *v. a.* Couvrir, revêtir de plomb; mettre, appliquer du plomb en quelque lieu. *Plomber* est aussi suspendre le plomb sur la surface d'une construction, pour s'assurer de l'exactitude de son aplomb.

POÊLE, *s. m.* Fourneau en fonte ou en briques pour le chauffage de l'intérieur des appartements. Dans quelques localités on donne ce nom à la salle même où le poêle est posé.

POITRAIL, *s. m.* (on dit au pluriel *poitrails*). Grosse poutre qu'on pose de travers sur des pieds-droits de terre, sur des colonnes ou sur de gros murs, et qui supporte tout un pan de charpente et quelquefois un mur de maçonnerie.

POLYGONE, *s. m.* et *adj.* Figure de plusieurs angles et de plusieurs côtés, comme *pentagone*, *hexagone*, *heptagone*, *octogone*, *ennéagone*, *décagone*, *endécagone*, *dodécagone*, etc.

POLYSTYLE, *s. m.* et *adj.* Édifice dont le nombre de colonnes est si grand qu'on ne les peut compter du premier aspect.

POMME DE PIN, *s. f.* Ornement d'architecture imité du fruit du pin. On l'emploie comme amortissement.

POMMETTE, *s. f.* Petit ouvrage de serrurerie servant d'amortissement.

PONCEAU, *s. m.* Petit pont fait d'une seule arche.

PONT, *s. m.* Construction en pierre, en bois ou en fer, élevée au-dessus d'une rivière, d'un fossé, etc.

PORCHE, *s. m.* Vestibule couvert à l'entrée d'une église gothique. C'est aussi une construction de menuiserie qui se fait par un retranchement à l'entrée d'une église, pour y ménager une double porte.

Port, *s. m.* Se dit des lieux où abordent les vaisseaux et les bateaux.

Portail, *s. m.* C'est l'ensemble d'architecture, dans lequel se trouve la principale porte d'une église, et qui s'étend d'ordinaire à toute sa façade antérieure.

Porte, *s. f.* Toute ouverture ou baie, de forme quelconque, pratiquée dans un mur pour servir d'entrée.

Portée, *s. f.* S'entend de l'espace qui est entre les colonnes sur lesquelles repose une architrave, ou entre les pieds-droits qui soutiennent une poutre. On dit, par exemple, que telle architrave a *dix pieds de portée*, pour déterminer sa longueur.

Porter, *v. n.* Porter *de fond* se dit en parlant de toute construction élevée à plomb sur son fondement, et porter *à faux*, de tout corps en saillie de sa base.

Portique, *s. m.* Galerie couverte dont la voûte ou le plafond est sur colonnes ou sur arcades. *Portique* se dit aussi d'une simple porte en arcade, avec quelques ornements d'architecture. *Portiques*, petits ornements en forme de canaux; on en voit sur quelques fasces ou frises d'impostes corinthiens.

Poseur, *s. m.* Maçon qui pose et place les pierres sur le tas.

Postes, *s. m. pl.* Petites volutes particulières dont on orne quelques frises et autres moulures plates.

Postiche, *adj.* Se dit de toute partie de construction ou de tout ornement, posés ou ajoutés après coup.

Postscenium, *s. m.* L'une des parties du théâtre antique.

Potager, *s. m.* Table de maçonnerie garnie de fourneaux à l'usage d'une cuisine ou d'une office.

Poteau, *s. m.* Toute pièce de bois posée debout. On appelle poteau *cornier*, celui qui forme l'encoignure de deux pans de bois, dans lesquels sont assemblées les sablières de chaque étage.

Potelet, *s. m.* Petit poteau. On en garnit le dessous

des appuis de croisées, les fermes des combles, etc.

POTENCE, *s. f.* (terme de serrurerie). Pièce de fer en forme de console, qui a quelquefois des enroulements; elle sert à porter un balcon, une lanterne, une enseigne, etc.

POTERIE, *s. f.* A la même signification que *chausse d'aisance.*

POTERNE, *s. f.* Fausse-porte d'une ville fortifiée, pour faire des sorties secrètes dans le fossé.

POUCE, *s. m.* Mesure formant la douzième partie du pied. Dans l'art du fontenier on entend par *pouce-d'eau*, la quantité d'eau à laquelle un orifice d'un pouce carré donnerait passage durant vingt-quatre heures; et pour avoir une uniformité de mesurage à cet égard, on est convenu d'appeler *pouce-d'eau*, la quantité invariable de soixante-douze muids, ou cinq cent soixante-un pieds cubes d'eau fournis, en vingt-quatre heures, par une chute ou un cours d'eau régulier.

POULIE, *s. f.* Machine en forme de roue dont la circonférence est creusée en demi-cercle, et sur laquelle passe une corde pour élever ou pour descendre des fardeaux.

POURTOUR, *s. m.* Étendue du contour d'un espace ou d'un ouvrage.

POUSSÉE, *s. f.* Poids d'une voûte qui fait effort contre les constructions qui lui servent d'appui; l'effort des terres d'une terrasse contre le mur de revêtement.

POUTRE, *s. f.* Grosse pièce de bois qui sert à porter des solives, des pans de bois, ou à la construction de quelque autre ouvrage.

POUTRELLE, *s. f.* Petite pièce de bois pour soutenir un plancher léger.

POUZZOLANE, *s. f.* Sable volcanique dont on fait un ciment propre à la construction des ponts, des môles, et autres bâtisses élevées dans l'eau. Le nom de ce sable vient de ce qu'on le tire de Puzzuolo, ville d'Italie, dans la terre de Labour, à trois lieues de Naples.

Pratiquer, *v. a.* C'est ménager avec intelligence de petites issues, des dégagements, comme une porte dérobée, un arrière-cabinet, etc.

Presbytère, *s. m.* Maison proche une église pour loger ceux qui la desservent.

Pressoir, *s. m.* Machine à presser le raisin, les pommes, etc. Il s'entend aussi du lieu qui la renferme.

Prisme, *s. m.* (terme de géométrie). Corps solide, long, dont les plans rectilignes réguliers opposés sont égaux.

Prison, *s. f.* Lieu où l'on enferme les accusés, les criminels, les débiteurs, etc.

Profil, *s. m.* Dessin ou coupe d'un bâtiment, d'une fortification, ou autre construction où l'on a marqué les hauteurs, largeurs et épaisseurs. On appelle aussi *profil*, le contour des moulures, d'un dessin, d'une figure, etc.

Profiler, *v. a.* C'est tracer le contour d'un membre d'architecture.

Programme, *s. m.* Indication publique du sujet et des principales conditions d'un ouvrage qu'il s'agit d'exécuter.

Projet, *s. m.* C'est l'ensemble des plans, coupes et élévations d'un monument d'architecture.

Pronaos, *s. m.* C'est le nom donné au porche des anciens temples.

Proportion, *s. f.* On entend par *proportions* le rapport qu'ont entre elles les dimensions des diverses parties d'un tout.

Propylées, *s. m. pl.* Ce mot a dans l'architecture ancienne le même sens que *pronaos*.

Proscenium, *s. m.* On appelait ainsi l'avant-scène du théâtre chez les anciens. Le mot moderne n'est qu'une traduction de celui-là.

Prostyle, *s. m. et adj.* Temple des anciens qui n'avait des colonnes qu'à sa face antérieure.

Pseudodiptère, *s. m. et adj.* Temple des anciens qui avait huit colonnes à la face de devant, autant à celle de derrière et quinze à chaque côté, en comptant celles des coins.

PSEUDOPÉRIPTÈRE, *s. m.* et *adj.* Temple où les colonnes des côtés étaient engagées dans les murs.

PUISARD, *s. m.* Construction souterraine, destinée tout à la fois à servir de réceptacle aux eaux et à leur donner issue.

PUITS, *s. m.* Excavation dans la terre revêtue de maçonnerie, pour arriver à une source ou à une nappe d'eau. On appelle également *puits*, une ouverture qu'on fait en creusant la terre, lorsque l'on veut percer une carrière ou faciliter quelques ouvrages souterrains, comme ceux des conduits ou aqueducs.

PURGEOIR, *s. m.* Espèce de filtre en sable et en cailloux, placé de distance en distance dans un aqueduc pour purifier ses eaux.

PYCNOSTYLE, *s. m.* Ordonnance d'architecture, suivant laquelle l'entre-colonnement n'est que de trois modules ou un diamètre et demi.

PYLONE, *s. m.* Grand portail qui s'élève au devant des édifices égyptiens.

PYRAMIDE, *s. f.* En géométrie, c'est un solide composé de plusieurs triangles qui ont un même plan pour base et un sommet commun. En architecture, on entend plus spécialement par pyramide une construction sur un plan quadrilatère, composée de quatre triangles semblables dont les sommets se viennent réunir à un même point. Les plus célèbres constructions de ce genre sont les fameuses pyramides d'Égypte.

Q

QUAI, *s. m.* Levée ordinairement revêtue de pierres de taille, au long des bords d'une rivière.

QUARDERONNER, *v. a.* Rabattre les arêtes d'une poutre, d'une solive, etc.

QUART-DE-ROND, *s. m.* Moulure dont le profil décrit un quart de cercle.

QUARTIER, *s. m.* Quartier-tournant est, dans un escalier, la suite des marches assemblées dans le noyau par leur collet, aux angles d'un limon carré.

QUEUE, *s. f.* Bout brut d'une grosse pierre de taille, qui sert à faire liaison en dedans d'un mur. On l'appelle aussi *boutisse.*

QUEUE-D'ARONDE, *s. f.* (terme de menuiserie). Assemblage ainsi nommé, parce que les extrémités des pièces de bois qui le composent imitent la queue d'une hirondelle, qu'on appelle aronde en vieux français.

R

RABOT, *s. m.* Outil de menuiserie, qui sert à aplanir et à polir une pièce de bois.

RACCORD, *s. m.* Terme à l'usage du peintre en bâtiment, pour signifier le travail partiel par lequel il associe des peintures neuves à des vieilles.

RACCORDEMENT, *s. m.* Opération par laquelle on ramène deux ou plusieurs parties d'ouvrage à un même niveau, on lie et on confond un ouvrage neuf avec un vieux, on rattache par des rampes, des perrons, des talus, divers plans d'un terrain inégal.

RACCORDER, *v. a.* Faire un raccordement.

RACHETER, *v. a.* Ramener à l'unité de masse des constructions élevées l'une au-dessus de l'autre sur des plans inégaux et dissemblables.

RACINAUX, *s. m. pl.* Membrures qui s'attachent sur des pilotis, sur lesquelles on élève des fondements, des piles de pont, etc.

RADIER, *s. m.* A le même sens que le mot précédent. C'est aussi le plancher en bois ou en maçonnerie que l'on établit sous les arches d'un pont, au fond d'un sas d'écluse, au fond d'un canal pour empêcher sa dégradation causée par la force des eaux.

RAGRÉER, *v. a.* Passer la ripe sur les parements des murs nouvellement achevés pour les rendre unis.

RAIE, *s. f.* Ligne déliée.

RAINCEAU (voyez RINCEAU).

RAINURE, *s. f.* Creux pratiqué en long dans l'épaisseur d'une planche pour y faire entrer la languette d'une autre planche et servir aux assemblages.

RAIS-DE-CŒUR, *s. m. pl.* Petits ornements en forme de cœurs évidés, qui se taillent sur quelques moulures, et particulièrement sur les talons.

RALLONGEMENT, *s. m.* Ligne diagonale depuis le poinçon d'une croupe jusqu'au pied de l'arêtier qui porte sur l'encoignure de l'entablement. On l'appelle aussi *Reculement* ou *Trait-rameneret*.

RAMPE, *s. f.* Plan incliné et continu, servant de communication entre deux sols différents de hauteur. Rampe se dit aussi de l'appui ou balustrade qui couronne le limon d'un escalier.

RANGE, *s. f.* (terme de paveur). C'est un rang de pavés du même échantillon.

RAPPORT, *s. m.* On appelle ouvrages de rapport, ceux qui sont composés de plusieurs pièces et de diverses matières artistement assemblées. La marqueterie, la mosaïque, sont des ouvrages de rapport.

RATELIER, *s. m.* Assemblage de barreaux de bois, qui sert dans les écuries et dans les étables à mettre le fourrage pour la nourriture journalière des bestiaux.

RAVALEMENT, *s. m.* Travail qui se fait après qu'un édifice a été élevé, et qui consiste à ragréer, en opérant de haut en bas, toutes les parties qui ont été négligées ou endommagées dans le cours de la construction.

RAVALER, *v. a.* Faire un ravalement.

RAYON, *s. m.* (terme de géométrie). Demi-diamètre d'un cercle ou d'une ligne tirée du centre à la circonférence. On appelle aussi *rayons*, les tablettes d'une armoire, d'une bibliothèque.

RÉCHAMPIR, *v. a.* C'est, pour les peintres en bâtiment, détacher les objets du fond sur lequel on peint, soit en traçant les contours, soit par l'opposition des couleurs.

Rechercher, *v. a.* Rechercher un plâtre, un bronze, un marbre, c'est en revoir soigneusement toutes les parties.

Recoupement, *s. m.* Retraite large, faite à chaque assise de pierre dure pour donner plus d'empatement à certains ouvrages. C'est aussi la diminution d'épaisseur que l'on fait subir à un mur de face, à partir de chaque plinthe, pour tenir lieu de fruit.

Recoupes, *s. f. pl.* Petits fragments qui tombent des pierres quand on les taille.

Recrépir, *v. a.* Crépir de nouveau (voyez **Crépir**).

Redan ou **Redent**, *s. m.* Ressaut que l'on ménage, de distance en distance, dans la construction d'un mur sur un terrain en pente.

Réduire, *v. a.* Réduire un dessin, un plan, c'est en faire la copie de moindre dimension que l'original, mais en conservant à toutes les parties les mêmes proportions sur une plus petite échelle.

Réduit, *s. m.* Coin retranché d'une pièce pour la rendre régulière.

Réédifier, *v. a.* Ce verbe a le même sens que rebâtir ; mais il n'est d'usage que quand il est question de quelque grand monument.

Réfectoire, *s. m.* C'est dans un collége, dans un hospice, dans une communauté, la pièce où l'on se rassemble pour prendre les repas.

Refend, *s. m.* On désigne sous ce nom les rainures par lesquelles on marque les joints des assises et les joints verticaux des pierres. On spécifie aussi par le mot *refend*, un gros mur qui sépare intérieurement la longueur d'un édifice. On entend encore par *refends*, les bossages qui ornent les encoignures des gros murs.

Refeuiller, *v. a.* Faire deux feuilles en recouvrement, soit pour recevoir les volets d'une croisée ou les vantaux d'une porte, soit pour loger un dormant.

Reficher, *v. a.* Remaçonner les joints d'une vieille muraille.

Refus, *s. m.* On dit d'un pieu qu'il est arrivé à *refus*, lorsqu'il cesse de s'enfoncer sous l'effort du mouton.

Regain, *s. m.* On dit qu'il y a du regain à une pierre, à une pièce de bois, lorsqu'elle est plus longue qu'il ne faut pour la place à laquelle elle est destinée.

Régalement, *s. m.* Aplanissement de la superficie d'un terrain à un même niveau ou selon une pente déterminée.

Régaler, *v. a.* Opérer le régalement d'un terrain.

Regard, *s. m.* Ouverture pratiquée dans la voûte d'un aqueduc souterrain, pour faciliter les visites, le nettoiement et les réparations qu'exige son entretien.

Règle, *s. f.* Instrument de bois ou d'autre matière, qui sert à tirer des lignes droites.

Réglet, *s. m.* Petite moulure plate qui sert à séparer les divers profils d'une même moulure. On dit aussi *filet* et *listel*.

Regratter, *v. a.* Enlever avec la ripe ou autres outils, la superficie d'un vieux mur de pierre de taille pour la remettre à neuf.

Reins, *s. m. pl.* On appelle *reins* d'une voûte, les deux côtés de l'extrados à partir de la naissance de la voûte.

Rejointoyer, *v. a.* Remplir d'un mortier de chaux et de ciment les joints d'un édifice qui est vieux ou construit dans l'eau.

Relief, *s. m.* Figure en saillie et détachée, dont le contour est isolé.

Remblai, *s. m.* Est, dans un ouvrage de terrasse, toute partie de terre rapportée.

Remise, *s. f.* Lieu pratiqué dans une maison, ou construit exprès dans une cour pour y mettre les voitures à couvert.

Remplage, Remplissage ou Garni, *s. m.* Maçonnerie des reins d'une voûte, ou celle entre les carreaux et boutisses d'un gros mur.

Renard, *s. m.* Trou ou fente d'un bassin, d'un réservoir, où l'eau se perd.

Renflement, *s. m.* Augmentation peu sensible au tiers de la hauteur du fût d'une colonne.

Renfoncement, *s. m.* Table refouillée sur le nu d'un mur ; arcade feinte, ou profondeur entre les poutres d'un soffite.

Repère, *s. m.* Marque que l'on fait aux pièces d'un ouvrage en morceaux détachés, pour en assembler exactement les diverses parties. Les ingénieurs appellent aussi *repères*, les points successifs qu'ils arrêtent pour prendre le nivellement d'un terrain.

Repérer, *v. a.* Marquer des repères.

Repos, *s. m.* Est, dans un escalier, une marche plus large que les autres, sur laquelle on peut faire un ou deux pas de plain-pied. Il se place ordinairement entre deux étages.

Reposoir, *s. m.* Chapelle postiche, avec un autel portatif, pour servir de station aux processions.

Repous, *s. m.* Espèce de mortier que l'on fait avec de la brique ou de la tuile réduite en poudre et qu'on mêle avec de la chaux.

Reprise, *s. f.* Réparation d'un mur, d'un pilier, faite par sous-œuvre.

Réservoir, *s. m.* Bassin, réceptacle dans lequel on amasse l'eau pour la distribuer, selon le besoin, en divers endroits.

Ressaut, *s. m.* Passage brusque d'un plan horizontal à un autre, avance ou saillie d'un entablement, d'une corniche, etc.

Ressenti, *s. m. et adj.* Contour, renflement d'une colonne, d'un pilier, etc., plus bombé qu'il ne doit être.

Restauration, *s. f.* Rétablissement d'un édifice dégradé. C'est aussi la réparation d'une statue ou autre figure mutilée.

Rétable, *s. m.* Est l'ensemble du lambris, au-dessus d'un autel adossé, dans lequel est quelquefois pratiqué le tabernacle.

RETOMBÉE, *s. f.* Pente ou chute des reins d'une voûte.

RETONDRE, *v. a.* Couper du haut d'un mur ou d'une souche de cheminée ce qui est ruiné pour le refaire; c'est aussi retrancher des saillies inutiles ou des ornements de mauvais goût, lorsqu'on regratte la façade d'un bâtiment.

RETOUR, *s. m.* On appelle ainsi l'angle que forme un avant-corps d'architecture qui procède en avant-corps d'un autre.

RETRAITE, *s. f.* Diminution d'épaisseur que l'on donne à un mur, à mesure qu'on l'élève. C'est aussi l'espace vide que le mur laisse en se retirant.

REVÊTIR, *v. a.* Recouvrir, renforcer. Une terrasse revêtue de murs; revêtir le fond d'un bassin d'un lit de glaise, etc. En menuiserie, c'est couvrir un mur d'un lambris.

REZ-DE-CHAUSSÉE, *s. m.* Niveau du sol. Il se dit plus ordinairement du premier plancher d'une maison, et du logement compris entre ce plancher et celui du premier étage.

REZ-MUR, *s. m.* Surface des gros murs dans œuvre. On dit qu'une poutre, qu'une solive a tant de portée de rez-mur, c'est-à-dire depuis un mur jusqu'à l'autre.

REZ-TERRE, *s. m.* Superficie de terre sans ressaut ni degrés.

RIGOLE, *s. f.* Petit canal creusé sur des pierres de taille, pour éconduire l'eau de pluie des terrasses.

RINCEAU, *s. m.* Ornement dont la forme est empruntée de celle de feuilles refendues, comme l'acanthe, le persil, etc. On le charge de boutons, de graines, etc.

ROCAILLE, *s. f.* C'est un composé de fragments de roche, de coquillages, de pétrifications, dont on fait le revêtement des grottes et des fontaines.

ROCHE, *s. f.* Masse de pierre qui tient à la terre.

ROCHER, *s. m.* Les rochers artificiels s'emploient à l'ornement des parcs et des jardins. On les forme de roches brutes agencées entre elles avec plus ou moins d'art.

ROND, *s. m.* On appelle *rond-point*, la partie circulaire au fond d'une basilique, et celle par laquelle se termine aussi d'ordinaire la nef ou le concours des nefs d'une église.

ROSACE, *s. f.* Ornement en forme de rose qu'on emploie dans les compartiments des coupoles et des plafonds.

ROSE, *s. f.* Fleur sculptée en manière de rose au milieu de l'abaque du chapiteau corinthien, et en général, tout ornement renfermé dans un cercle.

ROSEAUX, *s. m. pl.* Ornement en forme de bâtons, dont on remplit jusqu'au tiers les cannelures des colonnes et des pilastres. Cet ornement est plus connu sous le nom de rudenture.

ROTONDE, *s. f.* Édifice élevé sur un plan circulaire, et qui se termine ordinairement en dôme.

ROUET, *s. m.* Assemblage de charpente circulaire, que l'on établit au fond d'un puits pour asseoir le mur de revêtement.

ROULEAU, *s. m.* Nom sous lequel on désigne quelquefois la volute de la console.

RUBAN, *s. m.* Ornement en forme de ruban tortillé qu'on taille dans les baguettes et les rudentures.

RUDENTÉ, ÉE, *adj.* Se dit des pilastres et des colonnes dont les cannelures sont, jusqu'à une certaine hauteur, occupées par une moulure en forme de bâton ou de roseau.

RUDENTURE, *s. f.* Moulure en forme de bâton, unie ou sculptée de diverses manières, dont on remplit quelquefois les cannelures des colonnes jusqu'au tiers de leur hauteur.

RUDÉRATION, *s. f.* Opération qui consiste à appliquer sur les parements d'un mur, en moellons ou en pierres brutes, un premier enduit de mortier grossier.

RUILLÉE, *s. f.* (terme de couvreur). Enduit de plâtre pour raccorder la tuile ou l'ardoise avec les murs.

RUINE, *s. f.* Monument plus ou moins détruit par les efforts du temps, ou par quelque grande catastrophe.

Ruines, au pluriel, s'entend de ce qui reste debout du vieux monument et de l'amas de ses décombres.

RUINURES, *s. f. pl.* Entailles faites avec la hache aux côtés des poteaux ou des solives, pour retenir les panneaux de maçonnerie dans un pan de bois ou une cloison.

RUSTIQUE, *adj.* On appelle architecture rustique, celle qui semble avoir pour type les premiers travaux d'une industrie grossière, ou les grottes naturelles, les cavernes, etc.

RUSTIQUER, *v. a.* Piquer le parement d'une pierre avec la pointe du marteau, pour lui faire perdre le poli du trait de la scie, et lui rendre, en quelque sorte, sa rudesse primitive.

S

SABLIÈRE, *s. f.* Pièce de bois mise de longueur sur un poitrail ou sur des jambages de pierre dure, pour porter un pan de bois, une cloison, etc.

SACRISTIE, *s. f.* Lieu disposé, à portée du chœur de l'église, pour serrer les vases sacrés, les ornements, etc., et où toutes les personnes qui servent à l'autel vont se revêtir des habits d'usage pour les cérémonies religieuses.

SAILLIE, *s. f.* Avance de tout membre d'architecture au delà du nu du mur.

SALLE, *s. f.* Pièce plus ou moins vaste et d'un usage commun, comme salle à manger, salle de bal, de billard, etc.

SALON, *s. m.* Pièce d'apparat où l'on se rassemble pour la conversation. *Salon* s'entend encore, en France, de l'exposition des ouvrages des artistes vivants, qui a lieu, à certaines époques, à Paris dans les salles du Louvre.

SALPÊTRE, *s. m.* Sorte de sel qui se tire ordinairement des vieilles démolitions.

SANCTUAIRE, *s. m.* Partie de l'église dans laquelle est placé le maître-autel, où se tient le prêtre officiant, et qui est ordinairement séparée par une grille d'appui, ou détachée en estrade du chœur occupé par le clergé assistant.

SAPER, *v. a.* Abattre un mur par sous-œuvre et par le pied.

SAPINE, *s. f.* Solive de bois de sapin qu'on scelle de niveau sur des tasseaux, quand on veut tendre des cordeaux pour ouvrir des terres et dresser des murs.

SARCOPHAGE, *s. m.* Espèce de coffre en terre cuite, en pierre, et plus souvent en marbre, dans lequel les anciens renfermaient les corps de leurs morts, lorsqu'ils ne les brûlaient pas.

SAS, *s. m.* Bassin ménagé au-dessus de la chambre d'écluse d'un canal de navigation.

SCABELLON, *s. m.* Espèce de piédestal servant de support à des bustes, à des girandoles, des pendules, etc.

SCÈNE, *s. f.* La partie du théâtre où se passe l'action dramatique.

SCIAGRAPHIE ou SCIOGRAPHIE, *s. f.* L'art de dessiner des coupes d'architecture.

SCOTIE, *s. f.* Moulure concave, bordée de deux filets, qui se place entre les tores dans les bases de l'ordre corinthien.

SCULPTER, *v. a.* Tailler le bois, la pierre ou le marbre, en forme de figure ou d'ornement.

SCULPTEUR, *s. m.* Artiste qui exerce toutes les parties de la sculpture.

SCULPTURE, *s. f.* Art de tailler des figures dans le bois, la pierre et le marbre. On appelle aussi *sculpture*, l'ouvrage du sculpteur. On dit les sculptures d'un temple, etc.

SELLERIE, *s. f.* Lieu destiné à serrer les harnais des chevaux.

SÉPULCRAL, *adj.* Il se dit particulièrement des vases et des lampes qu'on retrouve fréquemment encore dans les sépultures antiques.

Sépulcre, *s. m.* Sépulture creusée dans le roc ou pratiquée dans un ouvrage de maçonnerie. On emploie plus communément le mot *caveau*.

Serdeau, *s. m.* Grande salle d'un palais, où l'on porte la desserte de la table du prince, et où mangent les officiers de sa maison.

Sergent, *s. m.* (terme de menuiserie). Barre de fer, ayant un crochet en bas, et un autre qui monte et descend à volonté. Ce dernier s'appelle *main*.

Serre, *s. f.* Lieu fermé, disposé pour élever et conserver des plantes exotiques.

Serrure, *s. f.* Pièce de serrurerie, composée de plusieurs autres et appliquée aux portes, aux couvercles, aux tiroirs, etc., pour en assurer la clôture.

Serrurerie, *s. f.* Art du serrurier. On comprend aussi sous cette dénomination tous les ouvrages en fer qui entrent dans la construction d'un édifice.

Seuil, *s. m.* Pièce de bois ou pierre arrasée, placée en bas de la baie d'une porte.

Simaise, *s. f.* (voyez Cymaise).

Simbleau, *s. m.* Cordeau qui sert à tracer de grands cercles.

Socle, *s. m.* Solide ordinairement carré, toujours plus large que haut, sur lequel posent les piédestaux des statues, des vases, des colonnes, et quelquefois le vase, la colonne immédiatement.

Soffite, *s. m.* Dessous de l'architrave, du larmier, et en général de tout membre d'architecture qui se présente horizontalement au-dessus de nos têtes. *Soffite* se dit aussi d'un plafond de menuiserie, dont les compartiments sont par renfoncements carrés, comme, par exemple, dans certaines églises d'Italie.

Sol, *s. m.* La surface du terrain sur lequel on bâtit.

Solide, *s. m.* (terme de géométrie). Tout corps considéré comme ayant les trois dimensions, longueur, largeur et profondeur.

Solive, *s. f.* Pièce de charpente, posée de champ en travers des poutres, des sablières ou des murs, pour former un plancher.

Sommellerie, *s. f.* C'est, dans un palais, dans une grande maison, la pièce de l'office où l'on met le vin pour le service de la table.

Sommet, *s. m.* Pointe d'un fronton, d'une pyramide, d'un pignon, etc.

Sommier, *s. m.* Pièce de bois, posée sur deux peids-droits de maçonnerie, pour servir de linteau à une porte, à une croisée, etc. C'est aussi la pierre posée à plomb sur une colonne, à laquelle se rattache l'architrave, ou bien encore la première pierre à chaque extrémité d'une plate-bande.

Soubassement, *s. m.* Espèce de socle continu ; large retraite pour donner plus d'élévation à un ordre d'architecture.

Souche, *s. f.* Extrémité du corps de cheminée qui paraît au-dessus du toit.

Soupente, *s. f.* Construction de charpente entre deux planchers ; petit étage pour ménager plus de logement.

Soupirail, *s. m.* Abat-jour étroit, pratiqué dans l'épaisseur du mur pour donner de l'air à une cave ou à quelque autre lieu souterrain.

Soutenement, *s. m.* On appelle mur de soutenement, un mur destiné à soutenir des terres.

Souterrain, *s. m.* et *adj.* Lieu excavé sous terre.

Sphère, *s. f.* (terme de géométrie). Globe, corps solide dans lequel toutes les lignes tirées du centre à la surface sont égales.

Sphinx, *s. m.* Sculpture qui a le buste d'un homme ou d'une jeune fille et le corps d'un lion. Cet ornement, emprunté des Égyptiens, est employé en forme d'amortissement sur les acrotères, aux extrémités d'une balustrade, d'un mur de terrasse, d'une rampe d'escalier, etc.

Spire, *s. m.* Se dit de la base d'une colonne, en tant que la figure ou le profil de cette base va en serpentant.

Stalle, *s. f.* (quelques auteurs font ce mot du genre masculin). On appelle ainsi, dans les églises, les siéges de bois qui sont autour du chœur, dont le fond se lève et se baisse, et où sont assis les chanoines, les chantres, etc.

Statuaire, *s. m.* Artiste qui s'occupe à faire des statues.

Statue, *s. f.* Figure de plein relief, taillée ou fondue.

Stéréographie, *s. f.* Art de dessiner les masses solides suivant les règles de la perspective.

Stéréotomie, *s. f.* Science de la coupe des pierres.

Striure ou Strie, *s. f.* Côte entre les cavités des cannelures.

Structure, *s. f.* C'est l'arrangement des matériaux de diverse nature dont se forme l'édifice.

Stuc, *s. m.* Composition de chaux et de poudre de marbre, dont on fait des enduits de muraille, des ornements et des figures moulées.

Style, *s. m.* La manière de composer, d'exécuter. On dit, par exemple, un édifice d'un style sévère, élégant, etc. Ce mot s'emploie aussi pour désigner le faire propre à tel artiste, ou à tel peuple : le style de Michel-Ange, le style égyptien.

Stylobate, *s. m.* Piédestal continu le long d'un édifice, ou soubassement qui forme des avant-corps et porte un ordre d'architecture.

Subgronde, *s. f.* Bord de la couverture d'une maison, qui avance pour jeter les eaux de pluie au delà du mur.

Superficie, *s. f.* Surface ; étendue en longueur et largeur sans profondeur.

Support, *s. m.* Toute pièce de construction, toute masse solide qui a pour objet d'en porter une autre.

Surplomber, *v. n.* Être hors de l'aplomb, être en saillie des parties inférieures.

Svelte, *adj.* Léger, dégagé. Une colonne, une flèche svelte.

Symétrie, *s. f.* Rapport de grandeur, de forme et de position que les parties d'un édifice ont entre elles et avec l'ensemble de cet édifice.

Systyle, *s. m.* Ordonnance d'architecture, suivant laquelle l'entre-colonnement est de deux diamètres ou quatre modules. Ce mot s'emploie plus souvent comme adjectif. On dit : un portique systyle, un temple systyle, etc.

T

TABLE, *s. f.* Plan vertical de forme carrée ou oblongue, qui se détache du nu du mur, soit en saillie, soit par renfoncement, ou seulement par la diversité de la matière, comme fait une table de marbre ou de bronze, scellée dans un mur en pierre de taille. On appelle aussi *table*, les pièces de plomb dont on forme le revêtement d'une terrasse ou d'un réservoir.

TABLEAU, *s. m.* On appelle ainsi le parement de l'épaisseur du mur, dans lequel est percée une baie de porte ou de fenêtre.

TABLETTE, *s. f.* Pièce de marbre, de pierre ou de bois de peu d'épaisseur, posée à plat pour servir soit de revêtement, soit de support.

TABLIER, *s. m.* Partie du pont-levis qui s'abaisse pour donner passage sur le fossé.

TAILLE, *s. f.* L'art de tailler les pierres.

TAILLOIR, *s. m.* C'est le nom que l'on donne à l'abaque du chapiteau toscan ; il est carré et se termine par un filet.

TAIN, *s. m.* Feuille d'étain fort mince que l'on fixe sur une glace, au moyen du mercure, pour en faire un miroir.

TALON, *s. m.* Moulure dont le profil est, à sa partie supérieure, une courbe convexe arrondie, et à la partie inférieure, une courbe concave, aussi arrondie, mais plus légèrement.

TALUS, *s. m.* Inclinaison ou pente qu'on donne aux parements des ouvrages de maçonnerie, pour les asseoir solidement. *Talus* se dit aussi d'une terrasse sans murs, lorsque ses faces latérales s'élargissent de haut en bas.

TAMBOUR, *s. m.* Avance de maçonnerie ou de menui-serie avec une porte, au devant de l'entrée d'une chambre, pour empêcher le vent. On appelle aussi *tambour*, la masse du chapiteau corinthien, et cha-cune des assises de pierres cylindriques qui composent le fût d'une colonne.

TAMPONS, *s. m. pl.* Grosses chevilles de bois dans les rainures des poteaux de charpente ou dans les solives des planchers, pour soutenir la maçonnerie.

TANNERIE, *s. f.* Usine où l'on façonne le cuir.

TARGETTE, *s. f.* Petite plaque de fer garnie d'un ver-rou, pour fermer les portes et les fenêtres.

TARIÈRE, *s. f.* Outil qui sert à percer le bois, pour y pratiquer des trous ronds.

TAS, *s. m.* Édifice en construction. C'est aussi le nom d'une petite enclume.

TAS-DE-CHARGE, *s. m.* Saillie formée par plusieurs as-sises de pierres en surplomb, l'une sur l'autre, et qu'on nomme aussi encorbellement.

TASSEMENT, *s. m.* Affaissement d'une construction par suite de la pression qu'exerce toujours sur lui-même l'amas des pierres.

TASSER, *v. n.* S'affaisser.

TAUDIS, *s. m.* Petit lieu pratiqué sous la première rampe d'un escalier, lorsqu'il n'y a point de descente de cave.

TEINTER, *v. a.* Colorier de différentes nuances un plan d'architecture, afin de distinguer les diverses natures de travaux.

TÉMOINS, *s. m. pl.* Certaines buttes ou élévations, qu'on laisse pour faire voir de quelle hauteur étaient les terres qu'on a enlevées tout autour.

TEMPLE, *s. m.* Édifice public, consacré à Dieu ou à ce qu'on révère comme Dieu. Il s'emploie surtout en parlant des anciens cultes. Chez les peuples modernes on n'a conservé cette dénomination qu'aux édifices à l'usage des chrétiens des communions protestantes.

TÉNIE, *s. f.* Moulure plate en forme de fasce, ou petite bande.

Tenon, *s. m.* Bout d'une pièce de bois ou de fer, qu'on enclave dans une mortaise. En terme de sculpture, le tenon est un petit bossage pour entretenir les parties qui paraissent détachées.

Terme, *s. m.* Figure ayant par en haut une tête d'homme, et dont la partie inférieure finit en gaîne. On l'emploie, à la manière des cariatides, pour soutenir un balcon, une tribune, etc.

Terrain ou **Terrein**, *s. m.* Espace de terre, considéré par rapport à quelque ouvrage qu'on y doit faire.

Terrasse, *s. f.* Levée de terre faite de main d'homme. Par analogie on appelle *terrasse*, un ouvrage de balcon et de galerie découverte. Il se dit aussi du toit d'une maison en plate-forme.

Terre-plain ou **Terre-plein**, *s. m.* Terre rapportée en deux murs de maçonnerie, pour servir de terrasse ou de chemin de communication. On appelle aussi *terre-plein*, le massif de terre qui est entre des murs de fondation, quand il n'y a pas de caves sous le bâtiment.

Tête, *s. f.* La partie, la face antérieure d'un ouvrage; tête de nef, de mur, de voussoir, etc.

Tétrastyle, *s. m. et adj.* Édifice qui a quatre colonnes à la face de devant.

Théâtre, *s. m.* Édifice destiné aux représentations dramatiques; il se dit aussi du lieu de la scène où se tiennent les acteurs.

Théorie, *s. f.* La connaissance des règles d'un art sans passer à la pratique.

Thermes, *s. m. pl.* Vastes édifices qui, chez les anciens, étaient destinés à l'usage des bains.

Tholus, *s. m.* Pièce de bois dans laquelle s'assemblent les courbes d'une voûte en charpente. Ce mot s'emploie quelquefois pour la lanterne ou même pour toute la coupole d'un dôme en charpente.

Thyrse, *s. m.* Ornement d'architecture en forme de javelot ou de lance, qui se termine par un fer ou une pomme de pin, et dont la hampe est entourée de pampres entrelacés.

10.

Tierceron, *s. m.* Nervure de voûte gothique qui partage l'angle compris entre le formeret et la croisée d'ogive.

Tiers-point, *s. m.* On appelle ainsi la courbe de l'arc d'une voûte gothique.

Tige, *s. f.* Se dit quelquefois pour fût de colonne.

Tige de rinceau, *s. f.* Espèce de branche qui sert d'un fleuron ou d'un culot, et porte le feuillage d'un rinceau d'ornement.

Tigette, *s. f.* C'est, dans le chapiteau corinthien, l'espèce de tige ou cornet d'où naissent les volutes et les hélices.

Tirant, *s. m.* Principale pièce de bois qui sert à tenir en état la ferme d'un toit. On appelle aussi *tirant*, une longue barre de fer employée à empêcher l'écartement d'une voûte, à retenir un mur peu épais, une souche de cheminée.

Toise, *s. f.* Mesure de six pieds (soit 1 mètre 949 centimètres).

Toisé, *s. m.* Mesurage à la toise des divers ouvrages de construction pour en régler le prix.

Toit, *s. m.* Ce qui sert de couverture à un bâtiment. Quelques personnes disent à tort *toiture*.

Tombe, *s. f.* C'est la pierre qui ferme un sépulcre. Ce mot s'emploie aussi pour le sépulcre lui-même.

Tombeau, *s. m.* Monument élevé à la mémoire d'un mort, sur la place où il a été inhumé, ou dans lequel on renferme le corps si la sépulture n'a pas eu lieu en terre.

Torchère, *s. f.* Guéridon fort élevé sur lequel on met un flambeau, une girandole, un chandelier.

Torchis, *s. m.* Composition de terre grasse pétrie avec de la paille coupée, dont on fait les murs des chaumières.

Tore, *s. m.* Membre rond, beaucoup plus gros qu'un astragale. Cette moulure embrasse l'extrémité inférieure de la colonne.

Torse, *s. m.* Statue mutilée ou des bras et des jambes, ou à laquelle il ne reste que le corps.

Torse, *adj.* On appelle *colonne torse*, celle dont le fût est en parties creuses et rebondies en forme de vis.

Torser, *v. a.* Contourner le fût d'une colonne en spirale, le tracer en vis pour la rendre torse.

Tortillis, *s. m.* Ouvrage vermiculé sur des bossages rustiques.

Toscan, *s. m. et adj.* C'est le plus simple des six ordres d'architecture.

Tour, *s. f.* Édifice très-élevé, rond, carré, etc., appartenant principalement à l'architecture militaire.

Tour, *s. m.* Machine dont on se sert pour façonner en rond le bois, l'ivoire, les métaux, etc. : on donne encore ce nom à une espèce d'armoire qui tourne sur pivot.

Tourelle, *s. f.* Petite tour qui se rattache par un encorbellement en cul-de-lampe ou en trompe à l'angle d'un bâtiment.

Traceret, *s. m.* Outil de fer pointu dont on se sert pour marquer et pour piquer le bois.

Traineau, *s. m.* Assemblage de bois qui sert à porter des fardeaux.

Trait, *s. m.* C'est la coupe, la taille de la pierre, suivant la forme voulue pour une construction.

Tranchée, *s. f.* Fossé creusé, où l'on doit mettre des pierres pour servir de fondement à un édifice.

Trappe, *s. f.* Pièce de bois qui ferme un lieu creux et le couvre.

Travée, *s. f.* Rang de solives, ou espace entre deux poutres d'un plancher : c'est aussi un rang de balustres entre deux piédestaux : on appelle encore *travée* en serrurerie des barreaux de fer entretenus par des traverses entre deux pilastres.

Trèfles, *s. m. pl.* Ornements en forme de trèfles évidés sans queue, qui se sculptent sur quelques moulures.

Treillage, *s. m.* Assemblage de perches liées ensemble avec des fils de fer pour former des berceaux de jardin.

Treillis, *s. m.* Châssis de menues barres de fer ou

de bois entrelacées pour fermer une baie de croisée ou d'armoire sans intercepter l'air ou la vue.

TRIBUNE, *s. f.* Galerie élevée dans une église : c'est aussi une espèce d'estrade où se place l'orateur dans les assemblées législatives.

TRIGLYPHE, *s. m.* Espèce de bossage de l'entablement dorique : c'est une saillie qui a deux glyphes séparés par trois côtés ou cuisses des deux demi-glyphes des côtés.

TRINGLE, *s. f.* Petite moulure ou membre carré au-dessus de chaque triglyphe d'où pendent six gouttes.

TRINGLE, *s. f.* Baguette de fer à laquelle on attache les rideaux.

TRINGLER, *v. a.* (terme de charpenterie et de menuiserie). Tracer une ligne droite fort longue sur une pièce de bois avec un cordeau frotté de pierre blanche, noire ou rouge, pour façonner un ouvrage.

TROCHILE, *s. m.* (voyez SCOTIE).

TROMPE, *s. f.* Portion de voûte en saillie, servant à toute espèce de construction en encorbellement, ainsi nommée de ce qu'elle est semblable à une trompe ou conque marine.

TROMPILLON, *s. m.* On nomme ainsi la pierre qui sert de coussinet aux voussoirs d'une trompe.

TRONC, *s. m.* S'entend quelquefois du fût d'une colonne et du dé d'un piédestal.

TRÔNE, *s. m.* Siége élevé où les souverains sont assis dans les cérémonies.

TRONQUER, *v. a.* Retrancher la partie supérieure d'une colonne, d'une pyramide, etc.

TROPHÉE, *s. m.* Ouvrage de sculpture représentant un amas de piques, drapeaux, canons, casques, etc., entrelacés pour servir d'amortissement sur les frontons et balustrades des édifices. Il se dit aussi d'un groupe d'instruments de musique, d'outils de jardinage.

TROTTOIR, *s. m.* Chemin en banquette, à l'usage des piétons, ménagé le long des quais, des maisons, etc.

TRUELLE, *s. f.* Petit instrument de fer ou de cuivre,

de forme à peu près triangulaire, à manche de bois, et dont les maçons se servent pour employer le plâtre ou le mortier.

TRUMEAU, *s. m.* Partie de mur de face comprise entre deux baies de porte ou de croisée : on appelle aussi *trumeaux*, les parquets de glaces dont on revêt ordinairement ces parties du mur.

TUF, *s. m.* Pierre tendre, remplie de petites cavités.

TUILE, *s. f.* Pierre de terre grasse cuite au four, ayant peu d'épaisseur, tantôt plate, tantôt courbée en demi-cylindre, et dont on se sert pour couvrir les maisons.

TURBINE, *s. f.* On donne quelquefois ce nom à la tribune où se placent les musiciens à l'église.

TURCIE, *s. f.* Digue ou levée en forme de quai pour résister aux inondations : on disait autrefois *turgie*, du latin *turgere*, être enflé, parce que l'effet de la turcie est d'empêcher les débordements des eaux enflées.

TUYAU, *s. m.* Tube ou canal de fer, de plomb, de terre cuite, etc. On appelle aussi *tuyau*, l'ouverture de la cheminée depuis le manteau jusqu'en haut.

TUYÈRE, *s. f.* Ouverture à la partie postérieure d'un fourneau où l'on place les becs des soufflets.

TYMPAN, *s. m.* Partie enfoncée entre les corniches d'un fronton : *tympan* se dit aussi d'une table triangulaire dans les encoignures d'une arcade.

U

URILLES, *s. f. pl.* Petites volutes du chapiteau corinthien ; elles naissent des caulicoles et se terminent sous les roses de l'abaque. On les appelle aussi *hélices*.

URNE, *s. f.* Vase dont la paroi se resserre plus ou moins vers l'orifice, au lieu de s'évaser : il sert d'attribut aux figures qui représentent des fleuves, des rivières, etc.

URNE FUNÉRAIRE, *s. f.* Vase couvert qui sert d'amortissement à un tombeau : il est fait à l'imitation des urnes où les anciens renfermaient les cendres des morts.

Usine, *s. f.* C'est l'ensemble des bâtiments, des ateliers et des appareils d'un établissement manufacturier où l'on emploie pour moteur, soit la vapeur, soit des courants d'eau.

V

Vaisseau, *s. m.* Se dit d'un intérieur d'église : *beau vaisseau, vaisseau spacieux.*

Valet ou Varlet, *s. m.* (terme de menuiserie). Crochet de fer qui sert à tenir le bois sur l'établi.

Vanne, *s. f.* Porte qui se meut verticalement entre deux coulisses pour retenir ou lâcher les eaux d'un étang, d'une écluse, etc.

Vantail, *s. m.* Battant ou moitié de la fermeture d'une porte qui s'ouvre en deux parties dans sa largeur.

Vase, *s. m.* Vaisseau de forme élégante, en marbre, en bronze, en argent, orné de bas-reliefs, de festons, destiné à décorer les jardins, les façades, l'intérieur des appartements : on appelle aussi *vase* les chapiteaux corinthien et composite.

Vasque, *s. f.* Petit bassin de marbre ou de pierre sur un balustre ou un piédouche pour recevoir l'eau du jet, qui peut de là retomber en nappe.

Ventilateur, *s. m.* Appareil au moyen duquel on renouvelle l'air d'un intérieur.

Ventouse, *s. f.* Tuyau de plomb ou de poterie carré, fait à une fosse d'aisance, et qui conduit le mauvais air jusqu'au-dessus des toits. On pratique aussi des ventouses dans l'intérieur des planchers, pour établir un courant d'air sous le manteau d'une cheminée.

Ventre, *s. m.* Parement d'un mur qui boucle et sort de son aplomb.

Vermiculé, *adj.* Se dit d'un ouvrage de tortillis gravé avec la pointe.

Vernis, *s. m.* Espèce d'enduit résineux et liquide dont on couvre la surface des corps pour la rendre lisse et luisante, ou pour les préserver de l'action de l'air et de l'humidité.

Verre, *s. m.* Substance transparente, produite par la fusion d'un mélange de sable et de sel alcali.

Verrerie, *s. f.* Lieu où l'on fait le verre. L'art de faire le verre fut trouvé par hasard, comme le rapporte Pline. Il dit que des marchands de nitre, ayant pris terre au mont Carmel, y firent cuire leur viande, et n'ayant point de pierre pour élever leur marmite sur le feu, ils tirèrent du navire des morceaux de nitre, qui, étant mêlés avec du sable, firent couler une liqueur luisante qui était du verre.

Verrou, *s. m.* (on écrivait autrefois *verrouil*). Pièce de fer plate ou cylindrique, que l'on applique à une porte, afin de pouvoir la fermer, et qui va et vient entre deux crampons.

Vestibule, *s. m.* Première pièce à l'entrée d'une maison, d'où l'on communique dans les autres pièces du rez-de-chaussée, et où vient aboutir le principal escalier des étages supérieurs.

Vestige, *s. m.* Restes des fondations, ou fragments épars des élévations d'un monument antique, suffisants pour retrouver les lignes du plan et reconnaître l'ordre et le caractère de l'architecture.

Vide ou Vuide, *s. m.* Jour, ouverture d'un mur. *Vide* se dit aussi des cavités pratiquées dans un massif de maçonnerie trop épais.

Vilebrequin, *s. m.* Foret de menuisier et de charpentier, qui sert à percer du bois par le moyen d'un taillant en spirale et que l'on fait tourner.

Vis, *s. f.* (prononcez *visse*). Pièce ronde de bois, de métal, etc., cannelée en ligne spirale, et qui entre dans un écrou qui est cannelé de même. On appelle encore *vis*, un escalier dont les rampes sont soutenues en l'air par l'artifice de leur appareil.

Vitrage, *s. m.* Terme collectif pour toutes les vitres d'un édifice, d'un panneau de porte.

Vitrail, *s. m.* Grande fenêtre dont les croisillons, en pierre ou en fer, sont remplis de panneaux de verre assemblés par compartiments.

Vitraux, *s. m. pl.* Grandes vitres des églises.

Vitre, *s. f.* Carreau de verre qui se met à une fenêtre.

Volet, *s. m.* Ouvrage de menuiserie qui sert à couvrir un des panneaux de vitre d'une croisée, et qui s'ouvre et se ferme à volonté.

Volute, *s. f.* Enroulement en ligne spirale qui fait partie du chapiteau ionique. Il y a aussi des volutes aux chapiteaux composite et corinthien. *Volutes* se dit aussi de divers ornements contournés en spirale. On croit que les anciens ont voulu représenter par les volutes, des écorces d'arbres desséchées et tortillées. — Selon Vitruve, les volutes représentent la coiffure des femmes et les boucles de cheveux qui pendaient des deux côtés de leur visage.

Voussoirs ou Vousseaux, *s. m. pl.* Pierres propres à former le cintre d'une voûte. Elles sont taillées en espèce de coins.

Voussure, *s. f.* Courbure, hauteur ou élévation d'une voûte, ce qui forme son cintre.

Voûte, *s. f.* Construction élevée sur des lignes courbes dont les extrémités sont perpendiculaires au sol, et composée de pierres cunéiformes tellement assemblées qu'elles se soutiennent l'une par l'autre.

X

Xiste, *s. m.* Était, chez les Grecs, un portique sous lequel les athlètes s'exerçaient, et chez les Romains, une simple allée d'arbres pour la promenade.

Z

Zoophore, *s. m.* Frise ornée de figures d'animaux.

TABLEAU SYNOPTIQUE DE L'ARCHITECTURE.

ARCHITECTURE CIVILE.

ART DE BÂTIR
- Maçonnerie
  - Stéréotomie — Pierres. Marbres. Terres. Échafaudage. Brique. Tuile. Ardoise. Plomb. Cuivre. Zinc.
  - Fondation
  - Élévation
  - Couverture — Plâtre. Ciment. Sable. Glaise. Mortier. Hauge.
- Charpenterie — Bois.
- Menuiserie — Fers.
- Serrurerie — Verres.
- Vitrerie

ART DE DISTRIBUER
- Dessin, Projet, Plan, Convenance, Ordonnance.
  - Monuments. Temples, églises, chapelles. Bâtiments publics. Palais. Hôtels. Maisons. Châteaux. Maisons de campagne.
  - Jardinage — Hydraulique. Plantation. Treillage. Gazon.

ART DE DÉCORER
- Boiserie — Marqueterie. Mosaïque.
- Carrelage. Sculpture. Peinture. Dorure.
- Voirie — Chemins. Rues. Places.

ARCHITECTURE HYDRAULIQUE.

ART DE CONDUIRE LES EAUX
- Canaux — Fontaines. Arrosement. Desséchement.
- Aqueducs, Écluses — Pilotis.

ART D'ARRÊTER LE COURS DES EAUX
- Chaussées. Quais. Digues. Batardeaux. Ponts.

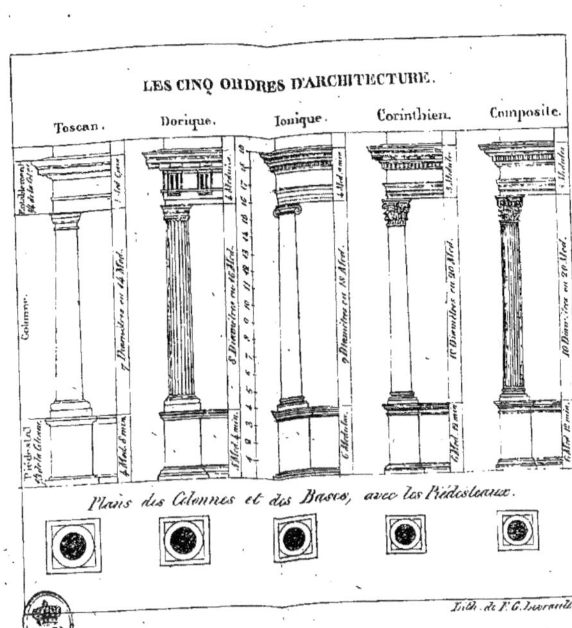

LES CINQ ORDRES D'ARCHITECTURE.
Toscan.
Dorique.
Ionique.
Corinthien.
Composite.
Plans des Colonnes et des Bases, avec les Piédestaux.
Lith. de F. G. Levrault.

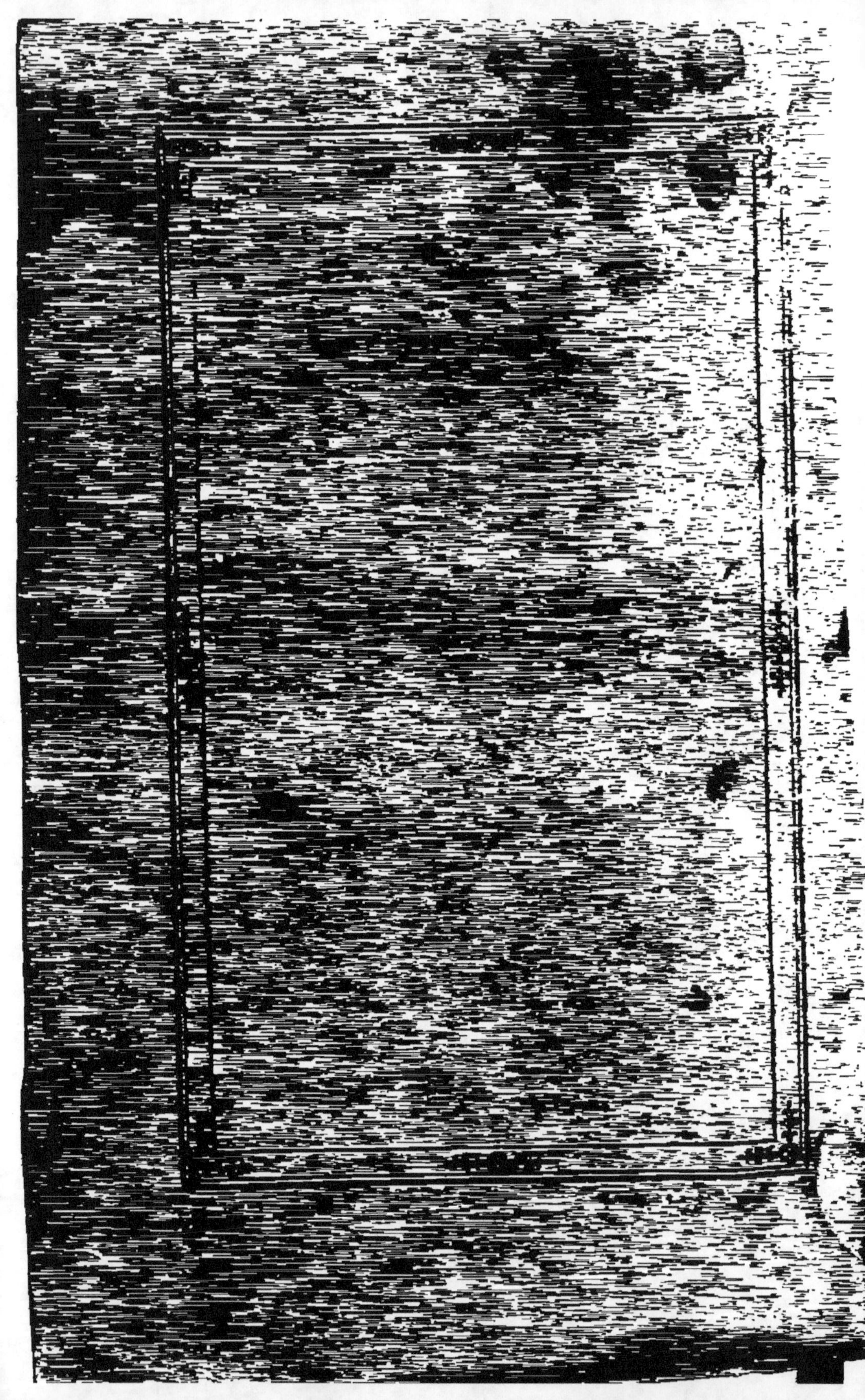